Fé bíblica:
uma chama
brilha no vendaval

Período greco-helenista

Coleção Bíblia em Comunidade

PRIMEIRA SÉRIE – VISÃO GLOBAL DA BÍBLIA

1. Bíblia, comunicação entre Deus e o povo – Informações gerais
2. Terras bíblicas: encontro de Deus com a humanidade – Terra do povo da Bíblia
3. O povo da Bíblia narra suas origens – Formação do povo
4. As famílias se organizam em busca da sobrevivência – Período tribal
5. O alto preço da prosperidade – Monarquia unida em Israel
6. Em busca de vida, o povo muda a história – Reino de Israel
7. Entre a fé e a fraqueza – Reino de Judá
8. Deus também estava lá – Exílio na Babilônia
9. A comunidade renasce ao redor da Palavra – Período persa
10. Fé bíblica: uma chama brilha no vendaval – Período greco-helenista
11. Sabedoria na resistência – Período romano
12. O eterno entra na história – A terra de Israel no tempo de Jesus
13. A fé nasce e é vivida em comunidade – Comunidades cristãs na terra de Israel
14. Em Jesus, Deus comunica-se com o povo – Comunidades cristãs na diáspora
15. Caminhamos na história de Deus – Comunidades cristãs e sua organização

SEGUNDA SÉRIE – TEOLOGIAS BÍBLICAS

1. Deus ouve o clamor do povo (Teologia do êxodo)
2. Vós sereis o meu povo e eu serei o vosso Deus (Teologia da aliança)
3. Iniciativa de Deus e corresponsabilidade humana (Teologia da graça)
4. O Senhor está neste lugar e eu não sabia (Teologia da presença)
5. Profetas e profetisas na Bíblia (Teologia profética)
6. O Sentido oblativo da vida (Teologia sacerdotal)
7. Faça de sua casa um lugar de encontro de sábios (Teologia sapiencial)
8. Grava-me como selo sobre teu coração (Teologia bíblica feminista)
9. Teologia rabínica (em preparação)
10. Paulo, apóstolo de Jesus Cristo pela vontade de Deus (Teologia paulina)
11. Compaixão, cruz e esperança (Teologia de Marcos
12. Lucas e Atos: uma teologia da história (Teologia lucana)
13. Ide e fazei discípulos meus todos os povos (Teologia de Mateus)
14. Teologia joanina (em preparação)
15. Eis que faço novas todas as coisas (Teologia apocalíptica)
16. As origens apócrifas do cristianismo (Teologia apócrifa)
17. Teologia da Comunicação (em preparação)
18. Minha alma tem sede de Deus (Teologia da espiritualidade bíblica)

TERCEIRA SÉRIE – BÍBLIA COMO LITERATURA

1. Bíblia e Linguagem: contribuições dos estudos literários (em preparação)
2. Introdução às formas literárias no Primeiro Testamento (em preparação)
3. Introdução ao estudo das formas literárias no Segundo Testamento
4. Introdução ao estudo das Leis na Bíblia
5. Introdução à análise poética de textos bíblicos
6. Introdução à Exegese patrística na Bíblia (em preparação)
7. Método histórico-crítico (em preparação)
8. Análise narrativa da Bíblia
9. Método retórico e outras abordagens (em preparação)

QUARTA SÉRIE – RECURSOS PEDAGÓGICOS

1. O estudo da Bíblia em dinâmicas – Aprofundamento da Visão Global da Bíblia
2. Aprofundamento das teologias bíblicas (em preparação)
3. Aprofundamento da Bíblia como Literatura (em preparação)
4. Pedagogia bíblica
   4.1. Primeira infância: E Deus viu que tudo era bom
   4.2. Segundo Infância (em preparação)
   4.3. Pré-adolescência (em preparação)
   4.4. Adolescência (em preparação)
   4.5. Juventude (em preparação)
5. Modelo de ajuda (em preparação)
6. Mapas e temas bíblicos (em preparação)
7. Metodologia de estudo e pesquisa (em preparação)

Serviço de Animação Bíblica - SAB

Fé bíblica: uma chama brilha no vendaval

Período greco-helenista (333-63 a.E.C.)

7ª edição – 2013
3ª reimpressão – 2019

Dados Internacionais de Catalogação na Publicação (CIP) (Câmara Brasileira do Livro, SP, Brasil)

Fé bíblica : uma chama brilha no vendaval : período greco-helenista (333-63 a.E.C) / ilustrações Roberto Melo ; elaboração do texto Romi Auth, Equipe do SAB. – 7. ed. – São Paulo : Paulinas, 2013. -- (Coleção Bíblia em comunidade. Série visão global ; v. 10)

ISBN 978-85-356-3659-8

1. Bíblia - Estudo e ensino 2. Bíblia. A.T. - História de fatos contemporâneos 3. Judeus - História 4. Povo de Deus - Ensino bíblico I. Auth, Romi. II. fsp. III. Serviço de Animação Bíblica - SAB. IV. Série.

13-11181   CDD-220.95

Índice para catálogo sistemático:

1. Povo de Deus : Bíblia : História   220.95

Elaboração do texto:	*Romi Auth, fsp, e Equipe do SAB*
Assessores bíblicos:	*Jacil Rodrigues de Brito, José Raimundo Oliva, Paulo Sérgio Soares, Valmor da Silva*
Cartografia:	*Prof. Dr. José Flávio Morais Castro, do Departamento de Planejamento Territorial e Geoprocessamento do IGCE – UNESP*
Metodologia:	*Maria Inês Carniato*
Ilustrações:	*Roberto Melo*
Citações bíblicas:	*Bíblia de Jerusalém, São Paulo, Paulus, 1985*

Gratidão especial às pessoas que colaboraram, com suas experiências, sugestões e críticas, para a elaboração e apresentação final do projeto "Bíblia em comunidade" na forma de livro e transparências para retroprojetor.

SAB – Serviço de Animação Bíblica
Av. Afonso Pena, 2142 – Bairro Funcionários
30130-007 – Belo Horizonte – MG
Tel.: (31) 3269-3737
Fax: (31) 3269-3729
E-mail: sab@paulinas.com.br

Paulinas
Rua Dona Inácia Uchoa, 62 – Vila Mariana
04110-020 – São Paulo – SP (Brasil)
Tel.: (11) 2125-3500
http://www.paulinas.com.br – editora@paulinas.com.br
Telemarketing e SAC: 0800-7010081

©Pia Sociedade Filhas de São Paulo – São Paulo, 2002

Apresentação

Os volumes da coleção "Bíblia em comunidade" têm o objetivo de acompanhar pessoas e comunidades que desejam entrar em comunicação e comunhão com Deus por meio da Bíblia, trazendo-a para o centro de suas vidas.

Muitas pessoas — e talvez você — têm a Bíblia e a colocam num lugar de destaque em sua casa; outras fazem dela o livro de cabeceira; outras, ainda, a leem engajadas na caminhada de fé de sua Igreja, seguindo sua orientação. Muitas, ao lê-la, sentem dificuldade de entendê-la e a consideram misteriosa, complicada, difícil. Algumas das passagens até provocam medo. Por isso, a leitura, o estudo, a reflexão, a partilha e a oração ajudam a despertar maior interesse nas pessoas; na leitura diária elas descobrem a Palavra como força que as leva a ver a realidade com olhos novos e a transformá-la. O conhecimento, a libertação, o amor, a oração e a vida nova que percebem ao longo da caminhada são realizações de Deus com sua presença e ação.

Esta coleção oferece um estudo progressivo em quatro séries. A primeira, "Visão global", traz as grandes etapas da história do povo da Bíblia: a terra, a região, a cultura, os personagens, as narrativas que falam das grandes etapas da história do povo que a escreveu para mostrar a relação de amor que se estabeleceu entre ele e Deus. À medida que vamos conhecendo a origem e a história do povo, percebemos que a Bíblia retrata a experiência de pessoas como nós, que descobriram a presença de Deus no cotidiano de sua vida e no da comunidade, e assim deram novo sentido aos acontecimentos e à história.

"Teologias bíblicas" são o assunto da segunda série, que estuda aquilo que o povo da Bíblia considerou essencial em sua comunicação com Deus. As grandes experiências de fé foram sempre contadas, revividas e celebradas nos momentos mais importantes da história e ao longo das gerações. O povo foi entendendo progressivamente quem era Deus na multiplicidade de suas manifestações, especialmente nas situações difíceis de sua história.

O título da terceira série é "Bíblia como literatura". Nela são retomados os textos bíblicos de épocas, lugares, contextos sociais, culturais e religiosos diferentes. Vamos estudar, por meio dos diversos gêneros literários, a mensagem, a interpretação e o sentido que eles tiveram para o povo da Bíblia e que nós podemos descobrir hoje. Cada um deles expressa, de forma literária e orante, a experiência de fé que o povo fez em determinadas situações concretas. Os tempos de hoje têm muitas semelhanças com os tempos bíblicos. Embora não possamos transpor as situações do presente para as da época bíblica, pois os tempos são outros, o conhecimento da situação em que os escritos nasceram ajuda-nos a reler nossa realidade com os mesmos olhos da fé.

Por fim, a quarta série, "Recursos Pedagógicos", traz ferramentas metodológicas importantes para auxiliar no estudo e aprofundamento do conteúdo que é oferecido nas três séries: Visão Global da Bíblia, Teologias Bíblicas e Bíblia como Literatura. Esta série ajuda, igualmente, na aplicação de uma Metodologia de Estudo e Pesquisa da Bíblia; na Pedagogia Bíblica usada para trabalhar a Bíblia com crianças, pré-adolescentes, adolescentes e jovens; na Relação de Ajuda para desenvolver as habilidades de multiplicador e multiplicadora da Palavra, no meio onde vive e atua.

A coleção "Bíblia em comunidade" quer acompanhar você na aventura de abrir, ler e conhecer a Bíblia e, por meio dela, encontrar-se com o Deus Vivo. Ele continua, hoje, sua comunicação em nossa história, com cada um(a) de nós. Mas, para conhecê-lo profundamente, é preciso deixar que a luz que nasce da Bíblia ilumine o contexto de nossa vida e de nossa comunidade.

Este e os demais subsídios da coleção "Bíblia em comunidade" foram pensados e preparados para pessoas e grupos interessados em fazer a experiência da revelação de Deus na história e em acompanhar outras pessoas nessa caminhada. O importante neste estudo é percebermos a vida que se reflete nos textos bíblicos, os quais foram vida para nossos antepassados e podem ser vida para nós. Sendo assim, as ciências, a pesquisa, a reflexão sobre a história e os fatos podem nos ajudar a não cair numa leitura fundamentalista, libertando-nos de todos os "ismos" — fundamentalismos, fanatismos, literalismos, proselitismos, exclusivismos, egoísmos... — e colocando-nos numa posição de abertura ao inesgotável tesouro de nossas tradições milenares. A mensagem bíblica é vida, e nossa intenção primeira é evidenciar e ajudar a tornar possível essa vida.

Vamos fazer juntos esta caminhada!

Equipe do SAB

Metodologia

Para facilitar a compreensão e a assimilação da mensagem, a coleção "Bíblia em comunidade" segue uma metodologia integral, que descrevemos a seguir.

Motivação

"Tira as sandálias", diz Deus a Moisés, quando o chama para junto de si para conversar (Ex 3,5). Aproximar-se da Bíblia de pés descalços, como as crianças gostam de andar, é entrar nela e senti-la com todo o ser, permitindo que Deus envolva nossa capacidade de compreender, sentir, amar e agir.

Para entrar em contato com o Deus da Bíblia, é indispensável "tornar--se" criança. É preciso "tirar as sandálias", despojar-se do supérfluo e sentir-se totalmente pessoa chamada por Deus pelo nome para se aproximar dele, reconhecê-lo como nosso *Go'el*, nosso Resgatador, e ouvi-lo falar em linguagem humana. A comunicação humana é anterior aos idiomas e às culturas. Para se comunicar, todo ser humano utiliza, ainda que inconscientemente, a linguagem simbólica que traz dentro de si, a qual independe de idade, cultura, condição social, gênero ou interesse. É a linguagem chamada primordial, isto é, primeira: a imagem, a cor, o ritmo, a música, o movimento, o gesto, o afeto, enfim, a experiência.

A escrita, a leitura e a reflexão são como as sandálias e o bastão de Moisés: podem ajudar na caminhada até Deus, mas, quando se ouve a voz dele chamando para conversar, não se leva nada. Vai-se só, isto é, sem preconceitos nem resistências: "como criança", de pés descalços.

Sintonia integral com a Bíblia

O estudo da Bíblia exige uma metodologia integral, que envolva não só a inteligência, mas também o coração, a liberdade e a comunidade.

Com a inteligência, pode-se conhecer a experiência do povo da Bíblia:
- descobrir o conteúdo da Bíblia;
- conhecer o processo de sua formação;
- compreender a teologia e a antropologia que ela revela.

Com o coração, é possível reviver essa experiência:

- entrar na história da Bíblia, relendo a história pessoal e a comunitária à luz de Deus;
- realizar a partilha reverente e afetiva da história;
- deixar que a linguagem humana mais profunda aflore e expresse a vida e a fé.

Com a liberdade, a pessoa pode assumir atitudes novas:

- deixar-se iluminar e transformar pela força da Bíblia;
- viver atitudes libertadoras e transformadoras;
- fazer da própria vida um testemunho da Palavra de Deus.

Com a comunidade, podemos construir o projeto de Deus:

- iluminar as diversas situações da vida;
- compartilhar as lutas e os sonhos do povo;
- comprometer-se com a transformação da realidade.

Pressupostos da metodologia integral

Quanto aos recursos:

- os que são utilizados com crianças são igualmente eficazes com adultos, desde que estes aceitem "tornar-se crianças";
- incentivam o despojamento, a simplicidade e o resgate dos valores esquecidos na vida da maioria dos adultos. As duas expressões elementares da linguagem humana primordial são imagem-cor, movimento-ritmo. Todo recurso metodológico que partir desses elementos encontra sintonia e pode se tornar eficaz.

Quanto à experiência proposta:

A metodologia integral propõe que o conhecimento seja construído não só por meio do contato com o texto escrito, mas também da atualização da experiência. Para isso é indispensável:

- a memória partilhada e reverente da história, do conhecimento e da experiência de cada um dos participantes;
- o despojamento de preconceitos, a superação de barreiras e o enga- -jamento nas atividades alternativas sugeridas, como encenações, danças, cantos, artes.

Recursos metodológicos

Para que a metodologia integral possa ser utilizada, a coleção "Bíblia em comunidade" propõe os seguintes recursos metodológicos:

a) Livros

Os livros da coleção trazem, além do conteúdo para estudo, as sugestões de metodologia de trabalho com os temas em foco. Podem ser utilizados de várias formas: em comunidade ou em grupo, em família ou individualmente.

1. Partilha comunitária

Pode reunir-se um grupo de pessoas, lideradas por alguém que tenha capacitação para monitorar a construção comunitária da experiência, a partir da proposta dos livros.

2. Herança da fé na família

Os livros podem ser utilizados na família. Adultos, jovens, adolescentes e crianças podem fazer a experiência sistemática de partilha da herança da fé, seguindo a metodologia sugerida nas reuniões, como se faz na catequese familiar.

Na modalidade de estudo em comunidade, em grupo ou em família, existem ainda duas opções:

- *Quando todos possuem o livro*. O conteúdo deve ser lido por todos, antes da reunião; nela se faz o mutirão da memória do que foi lido e o(a) líder coordena a síntese; depois se realiza o roteiro previsto nas sugestões metodológicas para o estudo do tema.
- *Quando só o(a) líder tem o livro*. Fica a cargo do(a) líder a prévia leitura e síntese do conteúdo, que será exposto ao grupo. Passa-se a seguir o roteiro previsto nas sugestões metodológicas para o estudo do tema.

3. Estudo pessoal dos livros

Embora a coleção dê ênfase ao estudo da Bíblia em comunidade, os livros podem ser utilizados também por pessoas que prefiram conhecê-la e estudá-la individualmente, seguindo os vários temas tratados.

b) Recursos visuais

Para que se realize a metodologia integral, são indispensáveis mapas, painéis e ilustrações, indicados nos roteiros de estudo dos temas, sempre que necessário. Os recursos seguem alguns critérios práticos:

- os mapas se encontram nos livros, para que as pessoas possam colori-los e visualizá-los;
- esses mapas foram reproduzidos em transparências para retroprojetor;
- outros recursos sugeridos nos roteiros podem ser produzidos segundo a criatividade do grupo.

Roteiro para o estudo dos temas

Os encontros para o estudo dos temas seguem um roteiro básico composto de quatro momentos significativos. Cada momento pode ter variantes, como também a sequência dos momentos e os recursos neles usados nem sempre são os mesmos. Os quatro momentos são:

1. Oração: conforme a criatividade do grupo.

2. Mutirão da memória: para compor a síntese do conteúdo já lido por todos ou para ouvir a exposição feita pelo(a) líder.

3. Partilha afetiva: memória e partilha de experiências pessoais que ilustrem os temas bíblicos que estão sendo trabalhados.

4. Sintonia com a Bíblia: leitura dos textos indicados, diálogo e síntese da experiência de estudar o tema e sua ressonância em nossa realidade. Cabe ao(à) líder mostrar os pontos essenciais do conteúdo. Quanto ao desenvolvimento, pode ser assessorado por equipes: de animação, de espiritualidade, de organização.

Cursos de capacitação de agentes para a pastoral bíblica

O Serviço de Animação Bíblica (SAB) oferece cursos de capacitação de agentes que desejam colaborar na formação bíblica em suas comunidades, paróquias e dioceses. Os cursos oferecem o aprofundamento dos temas a partir da coleção "Bíblia em comunidade" e a realização de atividades que possibilitem uma análise de conteúdos a partir das diversas linguagens de comunicação, como: vídeo, teatro, métodos de leitura bíblica e outros.

Introdução

Este é o décimo volume da série "Visão global". Seu título é "Fé bíblica: uma chama brilha no vendaval", e retrata um período de grande provação e dificuldade para o povo judeu.

Após a volta dos exilados a Jerusalém e a reconstrução da comunidade judaica, começa o domínio da cultura helenista sobre a região. A religião judaica é reprimida de todas as formas, mas muitas pessoas mantêm viva a fé e a conservam brilhando como uma chama em meio ao vendaval.

A história da dominação grega divide-se em cinco períodos, nos quais diferentes dinastias e impérios ocuparam o poder sobre o Oriente Próximo e Médio. O domínio político determinou também uma imposição cultural e religiosa tão forte como um vendaval que ameaçava a chama da fé de Israel.

Este livro é organizado em cinco blocos temáticos acompanhados de sugestões metodológicas para o estudo em grupo.

O primeiro tema, "A cultura de um povo retrata seu modo de viver", mostra que há um processo de integração entre os povos. Quando etnias diferentes aproximam-se e passam a conviver, suas culturas originam um modo novo de vida e surge um outro povo. Isso aconteceu no Brasil e ainda pode ser constatado em nossa cultura popular. O povo da Bíblia sofreu forte influência da cultura grega, que é também, de alguma forma, a matriz cultural do Ocidente.

"A globalização helenista invade a cultura de Israel" é o segundo tema e aborda o período de pouco mais de três séculos antes do nascimento de Jesus, quando o povo tentava reconstruir sua identidade cultural e religiosa, depois da volta do exílio. Começa então um período de grande mudança política e cultural no Oriente Próximo e Médio. O helenismo expande-se e ameaça a consolidação da fé bíblica. Muitos escritos bíblicos antigos são relidos e complementados, porque são eles que mantêm viva a fé e a resistência do povo.

O terceiro tema, "Uma nova política ilude o povo", retrata o desenvolvimento do helenismo. Após a morte de Alexandre Magno, a dinastia dos Selêucidas domina a região de Israel. Os dirigentes de Jerusalém e o povo anseiam por um tempo de paz e liberdade, e procuram adaptar-se às exigências dos novos dominadores; mas a cultura e a religião pagãs abafam a fé judaica. Os escritos deste período mostram que Deus é fiel e abençoa aqueles que mantêm fidelidade a ele, mesmo dentro de contradições.

O quarto tema, "O amor constrói a fidelidade", mostra como o helenismo difunde-se mais ainda na vida judaica, mas, por outro lado, são muitos os que têm consciência de que a fé está sendo ameaçada. Eles se organizam em grupos de resistência e arriscam a própria vida em defesa da herança dos antepassados.

"Deus agirá trazendo a paz!" é o quinto tema. Descreve o começo da ascensão romana sobre o Oriente Médio. Em Jerusalém, a família sacerdotal assume o poder religioso e também o político, mas os conflitos continuam e sempre com mais sofrimento para o povo. Os escritos deste período são os últimos do Primeiro Testamento e recuperam a confiança em Deus que liberta os justos.

1º tema
A cultura de um povo retrata seu modo de viver

Todos os povos são portadores de cultura, às vezes com semelhanças, outras vezes com aspectos diferentes, que retratam o modo próprio de cada povo se vestir, comer, morar, celebrar, manifestar suas crenças e organizar sua vida familiar e social. Brasil e Israel viveram experiências semelhantes.

Retomando o caminho feito

Ciro, rei da Pérsia, foi esperado pelos exilados da Babilônia como o "ungido", o novo "Pastor" do povo eleito. Encantou os sacerdotes de Marduc e o Segundo Isaías por seu respeito às tradições religiosas dos povos conquistados para o seu império. Deu liberdade aos exilados de retornar a suas terras, e, junto com seus sucessores, apoiou diversos projetos de reconstrução da Judeia. Estes foram levados adiante por Sasabassar, Zorobabel, Josué, Neemias e Esdras. A Pérsia manteve, porém, a região sob sua dependência política e econômica.

A comunidade judaica, fora da sua terra e, depois, voltando a ela, achava-se em meio a uma multiplicidade de raças, culturas e religiões. Ela precisava encontrar uma forma de resgatar sua identidade cultural e religiosa; Neemias e Esdras muito contribuíram para isso, por meio da observância estrita da lei de Moisés e de algumas práticas como a circuncisão, a observância do sábado e, de modo especial, das leis de santidade e de pureza.

A situação de ameaça externa em que a comunidade vivia condicionou-a a fechar-se em si mesma como forma de defesa dos seus princípios e práticas. Isso trouxe como consequências a exclusão da mulher estrangeira, a leitura nacionalista da Palavra de Deus e a observância estrita da lei, que excluía até mesmo os próprios irmãos samaritanos, tidos como infiéis. Nesse contexto surgiram diversos escritos de protesto contra o fechamento da comunidade em si mesma e o rigorismo da lei. Esses escritos trouxeram uma visão mais aberta e universal em relação à salvação e à mulher, e possibilitaram a reafirmação de algumas tradições já esquecidas pela comunidade judaica, como a do resgatador e a do levirato.

Sob o ponto de vista político, Judá não chegou a conquistar a independência no período persa. Mas reconquistou sua posição como província, desligando-se da província da Samaria, no tempo de Neemias.

Não demorou muito e um novo império estava tomando vulto, dessa vez não mais do Oriente, e sim do Ocidente: a Grécia. Em confronto com um povo com outra mentalidade e com tradições culturais e religiosas muito diferentes, Israel sofreu com essa dominação. Alguns reis, sobretudo no período dos Selêucidas, empreenderam uma verdadeira campanha de helenização da cultura judaica. O resultado foi muito desastroso, como veremos a seguir. Todos os povos que já foram ou ainda são dominados enfrentaram e enfrentam esse desafio com maior ou menor intensidade.

O Brasil não ficou ileso da influência cultural estrangeira no seu passado. E, hoje, essa influência se dá com maior intensidade devido à globalização e aos meios de comunicação social.

A cultura de um povo retrata seu modo de viver

Não só Israel e Brasil, mas todos os povos têm sua cultura, e mesmo aqueles considerados mais primitivos a transmitem de geração em geração. Independentemente dos diversos conceitos e compreensões de cultura, ela inclui: mitos, valores, crenças, costumes, convicções, hábitos, atitudes, língua, leis e práticas características de uma determinada sociedade e época. Ela revela o modo de viver, sentir e pensar que dá cor própria e diferente a cada povo.

Cultura brasileira: herança de outros povos

A questão cultural é um assunto muito amplo. Aqui, limitamo-nos a citar algumas contribuições culturais dos três grupos étnicos principais que formaram o povo brasileiro: o índio, o branco e o negro. Assim como esses três povos formaram fundamentalmente a população do Brasil, também a cultura de cada um deles deixou suas marcas no povo brasileiro. Os índios e os negros não aceitaram passivamente a imposição cultural dos brancos em relação a seu estilo de vida, a seu modo de sentir e pensar. Estes, de certa forma, impuseram-se mediante valores, crenças, hábitos, costumes e língua, que se traduziram na forma de organização social, política, econômica e religiosa dos brancos, bem diferente daquela que era própria dos índios e negros.

A cultura serviu como uma espada de dois gumes desde o início. Se de um lado ela integrou diversos elementos dos três grupos étnicos, de outro não deixou de ser uma descaracterização da cultura genuína de cada um desses grupos. Esse processo, ou essa metamorfose, nem sempre foi pacífica. A mistura das três raças influenciou muito na formação cultural do povo brasileiro. Da miscigenação entre brancos, negros e índios surgiu uma nova cultura que não era a do europeu, nem a do africano nem mesmo a do indígena. Foi a soma das três culturas, com predominância da europeia, que gerou a cultura brasileira.[1]

Herança indígena: simplicidade e harmonia com a natureza

O folclore brasileiro herdou muito da cultura indígena, sendo mais desenvolvido em algumas regiões do país que em outras. O bumba-meu-boi e o maracatu são típicos do Norte e do Nordeste. As lendas e histórias de vaqueiros sobre o curupira, a mãe-d'água, o boto também são de origem indígena. Herdamos deles nomes de diversos rios (Piracicaba, Paraopeba, Araguaia), nomes de peixes (pirarucu, mandiba, piranha), nomes de animais (arara, tatupeba, sucuri, jararaca), nomes de árvores (jacarandá, jatobá, ipê), nomes de frutas (cupuaçu, assaí, manga), nomes de montes ou picos (Itatiaia, Itaú, Borborema), nomes de localidades (Mogi-Mirim, Itumbiara, Aracaju) e nomes próprios (Iracema, Guaraciba, Jurema, Iara). Herdamos também o hábito de tomar banho todos os dias, de andar descalço, de queimar o mato para preparar a terra para o plantio. Muitos utensílios domésticos têm origem nessa cultura, como a rede de dormir, a cuia e a cabaça para os alimentos, a gamela e a cesta de palha para o transporte de produtos. São também de origem indígena algumas comidas típicas brasileiras como a moqueca de peixe, a tapioca, o beiju, a pamonha, a maniçoba, o angu e outras.

Herança portuguesa: um modo europeu de viver

Na formação cultural brasileira, a cultura portuguesa foi predominante. Herdamos a língua portuguesa, a religião, a alimentação, o vestuário, a arte, a arquitetura, a literatura, a cidade. Herdamos também a forma de organização do trabalho, da política, da economia, da sociedade. Na culinária, o uso do vinho, do macarrão e dos doces, bolos e tor-

---

[1] Ribeiro, V.; Anastásia, C. *Encontros com a história*. Editora do Brasil em Minas Gerais S/A, Livro do Professor, v. 1.

tas. No lazer, herdamos o modo de ocupar o tempo, os divertimentos e o dia de descanso. Os nomes dos dias da semana são característicos da cultura portuguesa. Nas técnicas agrícolas herdamos o uso da enxada, o carro de boi, o engenho. Na arte, a pintura, o bordado, o tear, a costura, os instrumentos musicais. Na dança, o forró e o balé.

Herança africana: sob a bênção dos espíritos

Os africanos, mesmo tendo sido reprimidos e forçados a abandonar seus costumes, resistiram e mantiveram viva sua cultura, influenciando fortemente a vida brasileira, sobretudo na alimentação, na língua, na arte e na religião.

Muitos pratos típicos são da tradição alimentar africana, como o vatapá, o acarajé, o uso de verduras, legumes, o abará; doces como a cocada, o quindim e outros. Muitas palavras de nosso vocabulário são de origem africana: dengo, moleque, quitute, quitanda, caçula, batuque e muitas outras. Diversos instrumentos musicais muito utilizados no Brasil ainda hoje são de tradição cultural africana: berimbau, atabaque, tamborim, agogô, reco-reco, cuíca. Do mesmo modo certas danças, ritmos de grande influência africana: a congada, o frevo, o carimbó, o maracatu, o carnaval, o samba, o pagode e outros.

Uma das maiores dificuldades enfrentadas pelos negros era a questão religiosa. Não queriam deixar seus rituais para seguir o catolicismo que lhes era imposto. Reelaboraram, então, as tradições religiosas católicas que receberam a partir da própria tradição religiosa africana. Identificaram os santos com seus orixás e adotaram para algumas festas dos santos católicos o seu modo próprio de celebrá-las; por exemplo, a festa de Nossa Senhora do Rosário dos Pretos, de São Benedito, de Santa Efigênia, a bandeira do Divino e a Folia de Reis. Muitas divindades negras passaram a ser identificadas com os santos católicos: Oxalá, o pai dos orixás, é identificado com Nosso Senhor do Bonfim; Xangô, protetor contra os trovões e tempestades, é Santo Antônio ou São João; Ogum, o guerreiro, é São Jorge; e Iemanjá é Nossa Senhora da Conceição ou das Graças.

As divindades africanas continuam sendo cultuadas no candomblé, nos terreiros de umbanda e nos centros espíritas. Algumas festas religiosas prestam homenagem ao mesmo tempo a divindades africanas e a santos católicos, como: 1º de janeiro a Oxalá e Nosso Senhor do Bonfim; oito de dezembro a Iemanjá e Nossa Senhora da Conceição ou das Graças.[2]

Há uma questão que não foi levada em conta no passado, mas que precisamos considerar hoje: como estabelecer convivência respeitosa com pessoas de cultura diferente da nossa? Hoje, com maior razão, quando a questão cultural passa em grande parte pelos meios de comunicação de massa e pela globalização em todas as áreas. O mais forte economicamente, muitas vezes, impõe seus padrões de cultura: moda, língua, hábitos, costumes, tradições culturais.

Muitas vezes o encontro entre os povos foi, na verdade, um desencontro que se transformou em conflito entre culturas diferentes, como aconteceu também no período da dominação greco-helenista sobre Israel (cf. mapa n. 26).

A civilização grega ocidental

Os gregos tinham um modo particular de conceber a vida em família e na sociedade, muito menos marcada pela tradição e pela dimensão comunitária. Tinham

diferentes formas de organização social, de tradições culturais e de vivências religiosas. É com essa realidade que o povo de Israel teve de conviver por muitos anos e em constante conflito. Vamos conhecer alguns referenciais que estruturavam a vida da sociedade greco-helenista.

Cidades gregas

A cidade (isto é, pólis) é a base da unidade cultural, social, econômica e religiosa da Grécia. Todas as cidades gregas tinham uma grande autonomia. Havia pouca intervenção dos reis em sua organização interna. Era uma espécie de cidade-estado regida por uma constituição elaborada nos moldes da constituição da capital, Atenas, e protegida por um muro e defendida por um exército permanente, formado por seus cidadãos. Dentro da cidade se desenvolviam diversos serviços à população: comercial, religioso, social, cultural e outros.

Empórion

No centro da cidade havia o *empórion* (isto é, mercado), palavra da língua grega que deu origem à palavra portuguesa "empório" ou mercado. É uma espécie de armazém de secos e molhados.

---

[2] Cf. PILETI, N. *História do Brasil*. São Paulo, Ática, 1996. pp. 102s.

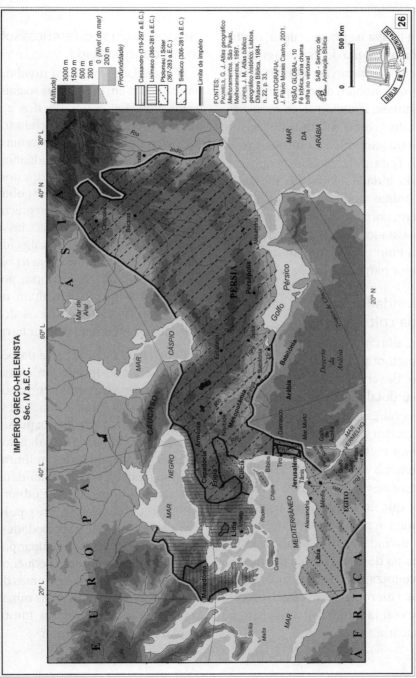

Ele ficava na praça central, conhecida na língua deles por ágora. No mercado eram vendidos os produtos que vinham do campo (cereais, legumes, frutas...), e os industrializados como o linho, objetos de guerra, cerâmica e outros. A troca era feita pela moeda própria de cada cidade. Além do mercado, as minas também eram fonte de lucro, normalmente de propriedade do Estado, e arrendadas a pequenas empreiteiras que absorviam a maior parte da mão de obra.

Divindade e templo: centro da vida cultural

Cada cidade tinha sua divindade protetora principal, com seu templo. Ele era provido por uma casta sacerdotal que oficiava as cerimônias religiosas. Os sacerdotes não exerciam grande influência na vida moral e ética do povo. A religião interessava enquanto servia aos interesses dos homens e mulheres que frequentavam o templo, o qual servia não só para o culto da divindade, mas também como oficina de artes, escola de música, aprendizagem dos escritos sagrados (hieróglifos e cuneiformes) e exercia também uma função bancária.

Estrutura social: diferenças sob o véu da igualdade

A sociedade grega era dividida, basicamente, em três classes sociais: a dos cidadãos, a dos libertos e a dos escravos. Os cidadãos eram somente os indivíduos do sexo masculino nascidos de pais cidadãos. Eles gozavam de plenos direitos. Alguns, com raras exceções, obtinham a condição de cidadão graças a leis especiais. A segunda classe social, a dos libertos, era conhecida em Atenas com o nome de *metecos*. Era formada, na sua maioria, por estrangeiros que não tinham os mesmos privilégios políticos dos cidadãos, mas podiam possuir terra.

Entretanto, a maior parte da população era constituída por escravos, divididos em escravos urbanos e escravos das minas. Poucos escravos urbanos conseguiam passar para a segunda classe social, a dos libertos. Normalmente melhoravam sua posição pela fidelidade aos serviços prestados. Podiam, então, receber um salário pelo trabalho e possuir propriedades. Alguns chegavam até a ocupar posições respeitáveis como pequenos funcionários públicos e gerentes de banco. Mas aos escravos das minas era reservado tratamento muito cruel e sem nenhum direito.

Apesar das diferenças entre as classes sociais e da desigualdade entre ricos e pobres, não havia desnível social tão gritante como nós conhecemos hoje. Comiam o mesmo tipo de comida, vestiam o mesmo tipo de roupa e participavam do mesmo tipo de divertimentos.

Essa igualdade substancial era criada pelo sistema de serviços que os homens abastados prestavam ao Estado em forma de contribuições para custear o teatro, equipar a marinha e sustentar os pobres. Os gregos estavam habituados a um estilo de vida sem grande conforto e luxo. Professores, escritores, pedreiros, carpinteiros e trabalhadores comuns da população recebiam uma dracma por dia. O salário era o mesmo para todos. Os bolos de cevada, cebola e peixe, regados com vinho, eram a alimentação principal. O vestuário era um pedaço de pano retangular enrolado em torno do corpo — preso por um alfinete nos ombros e amarrado na cintura com uma corda — e sandálias.

Normalmente a preocupação dos gregos era viver de forma satisfatória, sem grande conforto e sem a preocupação de acumular riquezas como forma de poder e prestígio. Contentavam-se com um pequeno negócio que lhes desse renda razoável. O que os cidadãos desejavam mesmo era tempo livre para se dedicar à política, às fofocas do mercado e às atividades intelectuais e artísticas, quando havia tendência para isso.

Filosofia: diferentes escolas de vida

A cultura grega distinguiu-se por sua filosofia de vida e pela filosofia clássica, que teve grande influência na cultura universal. Entre os primeiros filósofos helenistas estão os cínicos, que surgiram por volta do ano 350 a.E.C. Diógenes foi uma das figuras mais representativas desse movimento, tornando-se conhecido pelo seu gesto de procurar, em pleno dia, com uma lanterna acesa, um homem honesto. O objetivo maior de sua vida era o cultivo da autossuficiência; cada um deveria encontrar dentro de si a capacidade de satisfazer suas próprias necessidades.

Nessa mesma época surgiram duas escolas, cada qual com sua filosofia de vida. A primeira foi a escola de Epicuro, surgida por volta de 350 a.E.C. Ela deu origem ao epicurismo, cujo princípio era o de alcançar níveis de prazer e felicidade tão elevados a ponto de a pessoa não sentir mais medo da morte, dos deuses e ficarem insensíveis à dor. O ideal almejado era a ausência total de perturbação, a ataraxia.[3] A segunda filosofia de vida da época nasceu como reação aos epicureus; é a escola estóica de Zenão de Cício. Esta primava pelo rigorismo na observância da disciplina e das regras do bem viver. Trazia listas de virtudes que deviam ser seguidas e de vícios que deveriam ser evitados. Paulo, o apóstolo, sofreu influência da escola estoica. Nos seus escritos encontramos, com uma certa frequência, listas de defeitos e virtudes (cf. Rm 1,29-32; 1Cor 5,l0-11; 6,9-10; Gl 5,19-21 e outras).

Contemporaneamente às filosofias de vida, havia a filosofia clássica desenvolvida pelos grandes filósofos Platão, Sócrates, Aristóteles e outros. Os gregos cultivavam também ciências como a matemática, a arquitetura, a náutica, as letras e sobretudo as artes plásticas. O mundo para eles era dividido em espírito e matéria.[4] O espírito valia mais do que a matéria. Essa mentalidade se reproduziu na apreciação do trabalho e, por conseguinte, nas pessoas: a produção intelectual era mais valorizada, enquanto o trabalho que exigia mais esforço físico era considerado inferior, por isso era reservado aos escravos. Ainda hoje existe uma valorização diferenciada entre o trabalho braçal e o trabalho intelectual.[5] São influências culturais que persistem e pesam sobre os trabalhadores.

Etapas da dominação grega sobre Israel

O período helenista é complexo. Para facilitar sua compreensão vamos estudá-lo em cinco blocos: o período de Alexandre Magno, dos Lágidas ou Ptolomeus, dos Selêucidas, da revolução dos Macabeus e da dinastia asmoneia.

---

[3] JOYAN, E. *Estudo introdutório*: vida, obra e antologia dos textos de Epicuro, Lucrécio, Cícero e Sêneca. São Paulo, Nova Cultural, 1988. Textos e notas de Agostinho da Silva.

[4] Na visão bíblica, o ser humano é integralmente corpo e alma. Existe a percepção da matéria e do espírito (barro e sopro), mas eles não são antagônicos entre si como em algumas visões no mundo grego, em que o corpo é a prisão da alma.

[5] Cf. BURNS, E. M. *História da civilização ocidental*. Porto Alegre, Globo, 1993. v. 1, p. 130.

Roteiro para o estudo do tema

1. Oração inicial

Conforme a criatividade do grupo.

2. Mutirão da memória

Compor a síntese do conteúdo já lido por todos no subsídio. Caso as pessoas não tenham o subsídio, ficará a cargo do(a) líder expor a síntese.

Recurso visual

Se possível, trazer: alguns dos doces das culturas africana e portuguesa que foram mencionados, como cocada, quindim, torta; alguns instrumentos musicais ou ilustrações deles, como berimbau, chocalho, pandeiro, reco--reco; ilustrações de suas festas e danças folclóricas, como as do bumba--meu-boi, congadas, reisados, ou roupas e objetos típicos dessas festas. Preparar uma mesa com tudo o que foi trazido, saborear os doces e admirar todas as coisas que fazem parte de nossa cultura.

3. Partilha afetiva

Conversar em grupos menores.

A cultura popular é uma herança familiar. Os pais ensinam aos filhos. O que nossos pais nos ensinaram em nossa infância? Canções? Histórias? Lendas? Danças?

- Hoje, ensinamos a nossos filhos e netos a herança cultural que recebemos?
- As crianças têm interesse por aquilo que temos para lhes ensinar?
- Qual é a cultura da criança, do adolescente e do jovem de hoje?

4. Sintonia com a Bíblia

Ler Tb 14,3-11.

No exílio, o justo Tobi se mantém fiel às práticas que a fé judaica lhe pedia. Com isso, merece a bênção de Deus e a comunica aos descendentes.

Diálogo de síntese

O diálogo final de Tobi com seu filho é válido para nós e nossos filhos? Em quais aspectos?

Lembrete: para a próxima reunião, trazer revistas.

2º tema
A globalização helenista invade a cultura de Israel

H

elenistas (gregos) e judeus carregam mundos culturais diversos. Quando a Grécia dominou a Judeia, alguns reis gregos quiseram impor suas tradições culturais aos judeus, mas encontraram muita resistência de uma parte significativa da população. A elite, porém, aderiu em grande escala à helenização.

Alexandre Magno e a expansão do império: 336-323 a.E.C.

Filipe da Macedônia, em 338 a.E.C., conseguiu unificar sob seu domínio toda a Grécia. Mas não reinou por muito tempo, pois foi morto em uma rixa familiar. O filho, Alexandre, assumiu seu lugar e prosseguiu com as campanhas militares de expansão territorial do pai. Conquistou a Síria em 333 a.E.C. e, em seguida, Tiro, Fenícia e Gaza, chegando até o Egito, onde fundou a cidade de Alexandria, em 331 a.E.C. No mesmo ano conquistou o império persa, que era seu maior sonho.

A difusão do espírito grego no espaço fenício-palestino não aconteceu de modo uniforme. Alexandre Magno, no início, conquistou o antigo núcleo israelita das montanhas da Samaria e de Judá e a planície costeira, e continuou pela Cisjordânia, chegando até a Transjordânia, onde fundou a Decápolis, formada por dez cidades gregas, das quais se destaca Gadara. De 330 a 326 a.E.C. alcançou progressivamente o Oriente e chegou até a Índia. Pouco a pouco foi assentando as bases para o grande império helenista. Com apenas 32 anos de idade, Alexandre adoeceu, em consequência da malária que pegou na Babilônia, e faleceu em 323 a.E.C. Muitos até hoje o consideram um gênio na estratégia e organização militar, pois nunca perdeu uma batalha sequer. Era inteligente e dotado de grande coragem.

Sua morte prematura desencadeou a ambição dos quatro diádocos (isto é, generais) na disputa pela sucessão do império, que, depois de muitas lutas, foi dividido entre eles. Seleuco ficou com a Pérsia, a Mesopotâmia e a Síria. Lisímaco apropriou-se da Ásia Menor e da Trácia. Cassandro estabeleceu-se na Macedônia e os Ptolomeus, também conhecidos como os Lágidas, ocuparam o Egito, a Fenícia e a terra de Israel.[1]

---

[1] Cf. Burns, *História...*, cit., p. 126.

A globalização helenista invade a cultura de Israel

Com essa nova fase iniciou-se o período conhecido como helenismo ou helenista,[2] caracterizado pela "fusão" de duas tradições culturais: a cultura ocidental grega e a cultura oriental semita. Sem dúvida, essa mistura não se deu na totalidade nem em todos os aspectos da vida de ambos os povos. Os judeus, sobretudo, resistiram muito à helenização, embora esta tenha deixado suas marcas, como veremos mais adiante.

Israel sob o domínio dos Lágidas do Egito: 323-198 a.E.C.

Ptolomeu era um dos quatro generais do exército de Alexandre Magno. A ele coube o Egito, a Fenícia e Israel. Era filho de Lagos da Macedônia, de onde veio o nome da dinastia dos Lágidas do Egito, conhecidos também como Ptolomeus do Egito. Eles viviam continuamente ameaçados pelos Selêucidas da Síria, que ambicionavam seu território. A sequência cronológica dos seus reis, conforme os escritos de Flávio Josefo, Zenão, Aristeas e referências bíblicas (Daniel 11; 1 e 2 Macabeus), ajuda-nos a seguir a sequência dos fatos:

- Ptolomeu I Soter: 323-285 a.E.C.
- Ptolomeu II Filadelfo: 285-247 a.E.C.
- Ptolomeu III Evergetes: 247-221 a.E.C.
- Ptolomeu IV Filopátor: 221-203 a.E.C.
- Ptolomeu V Epífanes: 204-181 a.E.C.

Os Ptolomeus estabeleceram a capital do reino em Alexandria do Egito. Nem todos os reis deram igual importância para a terra de Israel. Vamos destacar dois reis desse período: Ptolomeu I Soter e Ptolomeu II Filadelfo.

Ptolomeu I Soter (323-285 a.E.C.) conquistou a terra de Israel. Chegou em Jerusalém por volta do ano 320 a.E.C. em um dia de sábado e, sob o pretexto de levar uma oferenda ao Templo, apoderou-se dele e da cidade. Prendeu numerosos judeus e os deportou para Alexandria. O segundo fato importante no seu governo foi o incentivo dado à cultura, ao fundar um museu em Alexandria, no Egito. Ptolomeu I Soter foi sucedido no poder por Ptolomeu II Filadelfo (285-247 a.E.C.). Ele se destacou por dois fatos que tiveram repercussão sobre a região de Israel. O primeiro é o de ter conseguido um tempo de paz com os Selêucidas da Síria. Para ratificar essa aliança, Ptolomeu II cedeu sua filha, Berenice, em casamento a Antíoco II, Teós, dos Selêucidas da Síria, o qual, por isso, dispensou a esposa legítima, Laodice

---

[2] "Héleda", em hebraico Javã (Is 66,19), que compreendia a Jônia e os gregos que habitavam nas costas da Ásia Menor, situados ao redor de Éfeso (Gn 10,2) e depois por extensão a todos os gregos (Zc 9,13; Dn 8,21). Depois de Alexandre Magno são conhecidos por helenistas, tanto sob o ponto de vista cultural como político e religioso (At 6,1; 9,29).

(cf. Dn 11,6). Esta se vingou do marido, envenenando-o, e também Berenice e o filho que ela teve com Antíoco II. Outro fato de grande importância para os judeus que viviam na diáspora é de ordem cultural e religiosa. Ptolomeu II mandou traduzir a Bíblia hebraica para a língua grega, a fim de conservá-la no Museu de Alexandria, segundo informações da pseudocarta de Aristeas.[3]

A dinastia dos Lágidas do Egito perdeu a hegemonia sobre a Judeia por volta do ano 198 a.E.C., na batalha de Panion, e a partir dessa data os Selêucidas da Síria passaram a dominar a região da Judeia. No período dos Ptolomeus surgiram diversos escritos que retratam seu contexto histórico e suas problemáticas mais marcantes.

Época dos Ptolomeus: os antigos escritos se iluminam

Grande parte dos antigos escritos ganha redação definitiva nesse período: os livros de Esdras, Neemias e 1 e 2 Crônicas são atribuídos ao mesmo autor, conhecido como Cronista.[4] Os dois livros das Crônicas teriam constituído inicialmente uma só obra, igualmente Esdras e Neemias. De fato, são muito semelhantes no estilo e no conteúdo. Tratam dos mesmos temas fundamentais: o Templo, o culto, o clero, o governo de Davi e a restauração da comunidade pós-exílica.

Uma testemunha em favor da unidade da obra cronista, hoje formada pelos quatro livros, é o final do Segundo livro das Crônicas, literalmente igual ao início do livro de Esdras: "E no primeiro ano de Ciro, rei da Pérsia, para cumprir a Palavra do Senhor pronunciada por Jeremias, o Senhor suscitou o espírito de Ciro, rei da Pérsia, que mandou proclamar a viva voz e por escrito, em todo o seu reino o seguinte: 'Assim fala Ciro, rei da Pérsia: o Senhor, o Deus do céu, entregou-me todos os reinos da terra; ele me encarregou de construir para ele um Templo em Jerusalém, na terra de Judá [...]' " (cf.

---

[3] A comunidade judaica teve muita dificuldade para aceitar a tradução da Bíblia do hebraico para o grego, porque o uso da língua grega representava o domínio do império grego e uma ameaça para a cultura judaica. Essa tradução já representava a assimilação da cultura grega pelos judeus, pois os seus textos sagrados não podiam mais ser lidos na língua original. Para consolar essas comunidades foi contada a história dos setenta (ou setenta e dois) sábios que fizeram uma tradução do texto sagrado de forma idêntica, quando cada qual permanecia na sua cela, sem ter contato um com o outro. Essa história vem amenizar a consciência das comunidades judaicas que recusavam a tradução dos setenta como texto sagrado e quer mostrar que o texto grego é tão sagrado quanto o hebraico e, por isso, é querido por Deus. Pois, se duas pessoas não fariam uma tradução igualzinha, quanto mais setenta ou setenta e duas. Isso só pode ser obra de Deus. E a mesma inspiração que agiu na produção do texto original age, agora, na tradução.

[4] Os dois livros de Crônicas oferecem uma leitura enaltecida da dinastia davídica, enquanto a leitura Deuteronomista é muito mais crítica e apresenta também as infidelidades de Davi.

A globalização helenista invade a cultura de Israel

2Cr 36,22-23; Esd 1,1-3c). Como em nossas Bíblias a obra cronista compreende quatro livros, vamos abordá-los separadamente.

1 Crônicas: reafirma-se a herança de Davi

1 Crônicas retoma as listas de genealogias contidas no livro de Gênesis de 1 a 12. Em Gênesis, as genealogias vão desde Adão até Abraão. Também 1 Crônicas inicia-se com Adão e vai até o final do reinado de Davi. O 2 Crônicas inicia-se com Salomão e prossegue até o século V a.E.C., depois do exílio da Babilônia.

Podemos dividir 1 Crônicas em duas partes. Na primeira, o cronista mostra um interesse particular pela tribo de Judá, pela descendência de Davi, pelos levitas e habitantes de Jerusalém (1Cr 1–9). Preparou dessa forma a história de Davi, personagem central da segunda parte do livro (1Cr 10–29). O autor das Crônicas ignora as falhas do rei Davi apresentadas nos livros dos Reis: desavenças com Saul, a cobiça pela mulher de Urias, as intrigas familiares sobre a sucessão e as revoltas de seus generais. Demonstra, por outro lado, interesse pela profecia de Natã em favor da casa de Davi (1Cr 17) e pelas instituições religiosas daquele

tempo: a arca e a organização do culto em Jerusalém (1Cr 13; 15–16), os preparativos para a construção do Templo e as funções desenvolvidas nele pelos levitas, pelas classes sacerdotais, pelos cantores e porteiros (1Cr 21–28). Mostra a preocupação de Davi pelas ofertas do Templo (1Cr 29,1-20), porém não será este quem vai construí-lo, mas sim seu filho Salomão, como aparece na segunda obra de Crônicas.

2 Crônicas: a bênção de Deus para a casa de Judá

2 Crônicas também se apresenta em duas partes. A primeira inicia com a oração de Salomão, pedindo a Deus a sabedoria para governar bem. Segue a construção do Templo e sua dedicação, a transladação da arca, as orações, os discursos e um elogio à glória de Salomão. Também em relação a Salomão o autor ignora as sombras do seu reinado, ressaltando sua riqueza e glória, que são fruto da bênção divina (2Cr 1–9). O que interessa ao autor na segunda parte da obra é a exaltação da monarquia do reino de Judá e da dinastia davídica. Todos os reis são julgados segundo a fidelidade ou infidelidade ao Senhor. E o modelo, o parâmetro do julgamento é o rei Davi. Ele sim foi fiel a Deus. Nenhum rei de Israel foi

fiel ao Senhor; todos foram infiéis e são desaprovados pelo Cronista. De Judá, ao sul, só dois reis mereceram aprovação: o rei Ezequias e o rei Josias. Eles foram aprovados pela reforma religiosa que empreenderam em seu governo (2Cr 29–35).

Esdras e Neemias: o renascer da comunidade judaica

Esdras e Neemias formavam apenas um livro nas Bíblias hebraica e grega sob um único nome: Esdras. Na tradução das línguas originais para o latim, a Vulgata, são Jerônimo dividiu-o em dois livros: Esdras e Neemias. As narrativas das Crônicas terminam com a ruína da monarquia no reino de Judá, enquanto Esdras e Neemias retomam a história após o exílio, com o edito de Ciro dando liberdade aos exilados de retornarem à terra, e abordam os diversos projetos de reconstrução da Judeia e da comunidade de Israel.

Esdras e Neemias trazem os mesmos grandes temas: o Templo, a cidade de Jerusalém e a comunidade do povo escolhido. A primeira preocupação dos exilados que retornaram para a pátria foi a reconstrução do Templo (Esd 1,2), que era a expressão máxima da presença de Deus no meio do povo, o lugar por excelência para manter relação com Deus mediante o culto, os sacrifícios e as oferendas. Ao Templo estão ligados aqueles que servem a Deus e o representam junto ao povo: os sacerdotes, os objetos de culto, as oferendas (Esd 1,9-11; 2,68-69) e o altar, o primeiro a ser restabelecido para se oferecer sobre ele os sacrifícios a Deus (Esd 3,1-7).

A segunda preocupação que se reflete nesses escritos é a reconstrução da cidade de Jerusalém, destruída por Nabucodonosor em 587 a.E.C.; cidade santa que abriga o Templo e o povo escolhido. Neemias pediu autorização ao rei persa para reconstruir as muralhas da cidade. Finalizou com êxito a obra, apesar das resistências que encontrou.

A terceira preocupação que se reflete nesses livros é a restauração da comunidade, do povo escolhido por Deus. Esse povo não tinha mais independência e autonomia nacional. Preocupou-se então em conservar a identidade ética e religiosa, voltando-se para a observância rigorosa da lei de Deus, das festas, da circuncisão, do sábado e dos dízimos destinados aos sacerdotes e ao culto (Ne 10; 12; 13,1-22). Houve um grande esforço para eliminar os casamentos mistos (Esd 10; Ne 13,23-30) e as desigualdades sociais (Ne 5).

Vamos conhecer o que é específico dos livros de Esdras e Neemias.

Esdras: o primado da Lei de Moisés

O livro de Esdras pode ser apresentado em dois grandes blocos: de 1–6 e de 7–10. No primeiro bloco o autor retoma a história desde o edito de Ciro, em 538, que dava liberdade aos exilados de retornar a Jerusalém para reconstruir o Templo. As obras de reconstrução iniciaram-se e foram barradas pela oposição dos samaritanos. O segundo bloco narra a chegada do escriba Esdras, encarregado dos negócios judaicos junto à corte persa, em Jerusalém. Chegou com um decreto que lhe deu autoridade de impor a observância da Lei de Moisés, reconhecida como Lei de Deus e do rei (Esd 7,26).

Neemias: a comunidade retoma a Aliança

O livro de Neemias apresenta a primeira e a segunda missão de Neemias e a situação dos habitantes de Judá. Ele pode ser estudado em quatro blocos. No primeiro (Ne 1,1–7,72), o autor apresenta a primeira missão de Neemias: a reconstrução dos muros em Jerusalém e as dificuldades que enfrentou para levar a obra a termo. No segundo (Ne 7,72b–10,40), narra a nomeação de Neemias como governador de Judá. Esdras fez a leitura solene da lei e celebrou com o povo a festa das Tendas, onde todos confessaram seus pecados e se comprometeram a observar a Lei. O terceiro bloco (Ne 11,1–13,3) traz diversas listas dos moradores de Jerusalém, da província de Judá, dos sumos sacerdotes, dos levitas e outras. Apresenta a dedicação às muralhas de Jerusalém. O quarto e último bloco (Ne 13,4-31) narra a segunda missão de Neemias em Jerusalém; junto à comunidade judaica, aborda questões relacionadas com a ordem no Templo, dízimo dos levitas, observância do sábado, o casamento com mulheres estrangeiras.

2 Zacarias 9–14: o Rei Messias é humilde e manso

O livro de Zacarias foi escrito em duas épocas diferentes: no período persa, os capítulos 1–8 (Zc 1,1), por volta de 519 a.E.C.; e, no período grego, os capítulos 9–14.

Na segunda parte, a preocupação central é a chegada dos tempos messiânicos. Há uma referência explícita à campanha de Alexandre Magno, em 332 a.E.C. (Zc 9,1-8). Nos capítulos 9–11 predominam o texto em poesia e a utilização frequente dos livros de Jeremias e de Ezequiel. Fala-se de um Rei Messias humilde, montado em um jumentinho (Zc 9,9-10), que a tradição cristã releu como sendo Jesus, o novo Rei Messias, que entrou triunfalmente em Jerusalém, antes de celebrar a Páscoa.

Os capítulos 12–14 são escritos quase todos em prosa e, em perspectiva apocalíptica, falam do "transpassado" como referência ao povo (Zc 12,10); o Segundo Testamento fez uma aplicação desses textos a Jesus.

Malaquias: coerência e sensibilidade

Malaquias, na língua hebraica, significa "o meu mensageiro". O livro reflete dois grandes problemas que emergiram já no período de Neemias e Esdras e continuou no período helenista: os matrimônios mistos e a prática inadequada do culto.

O profeta faz uma acusação contra os sacerdotes que ofereciam a Deus sacrifícios de animais defeituosos (Ml 1,7-8.13), mostrando que realizavam um culto vazio que não servia a Deus (Ml 2,2). Nesse escrito o autor aborda também a questão dos casamentos mistos.

Sua opinião parece ser contrária à de Neemias e de Esdras, que se opunham a tais casamentos (Ml 2,14, cf. Esd 9; Ne 6,18; 10,31; 13,23-27). Porém, em outro texto, o profeta parece ser também desfavorável aos casamentos mistos pelo risco da idolatria que eles representam (Ml 2,11).

Eclesiastes: o sentido da vida humana

O livro do Eclesiastes é também conhecido com o nome Coélet, que no hebraico significa "aquele que fala na assembleia". Se de um lado o nome indica o orador, de outro indica também a assembleia que ele representa. Coélet parece estar cansado do ensinamento clássico de tanto tempo, tanto em relação ao helenismo como ao judaísmo. Contra o helenismo, que prezava o corpo, o prazer dos sentidos, o lucro, o poder, o enriquecimento e o conhecimento, Coélet afirma categoricamente: "compreendi que tudo isso é também procura do vento" (Ecl 1,17; 2,1). "Vaidade das vaidades, tudo é vaidade" (Ecl 1,2). Tudo não passa de um "sopro"! Ele questiona, também, a doutrina oficial judaica sobre a retribuição e a piedade tradicional (Ecl 3,12-22).

A obra pode ser estudada em duas grandes partes: de 1 a 6 o autor relativiza tudo como "sopro", porque nada deste mundo traz felicidade. Nem mesmo Salomão com toda a sua pompa e sabedoria conheceu a felicidade (cap. 2). A metade das ações humanas é gesto de luto (cap. 3). Depois, avalia os males da vida em sociedade e do dinheiro (caps. 4–6). Nos capítulos 7–12 faz considerações sobre a prática equilibrada da sabedoria que conduz à moderação; fala sobre as injustiças, o destino do ser humano, faz um elogio à velhice (Ecl 12,1-8) e no epílogo descreve o elogio de um discípulo a Coélet.

O autor encara a vida humana nos diversos aspectos, com muito realismo, chegando em alguns momentos à ironia e ao pessimismo. Para ele, o verdadeiro "temor" consiste em o ser humano ter consciência de suas limitações. Por mais que tente ou se esforce, o ser humano é imperfeito, não é Deus. Ele deve aceitar os seus limites.

Ester: o amor corajoso vence a morte

Existem duas versões do livro de Ester, uma em hebraico e outra em grego. A versão grega acrescenta, do início ao fim do texto hebraico, 93 versículos aos 167 já existentes na versão hebraica. A TEB (Tradução Ecumênica da Bíblia) traz cada uma delas separadamente, mas nas traduções católicas os acréscimos em grego são inseridos na *narrativa hebraica*.

A versão hebraica narra a chegada de Ester ao trono da Pérsia e a descoberta de uma cilada contra o rei da Pérsia, maquinada por um grupo antijudaico e organizado pelo primeiro ministro Aman. Mostra a intervenção corajosa de Ester em favor dos judeus, o enforcamento de Aman por causa de sua perseguição aos judeus e a organização de um movimento reacionário dos judeus. Por fim, apresenta a instituição da festa de Purim (isto é, das Sortes), ainda hoje celebrada entre os judeus. Os acréscimos gregos trazem o sonho de Mardoqueu; a carta de condenação dos judeus; a oração de Mardoqueu e de Ester; a visita de Ester ao rei; a carta de reabilitação dos judeus; e a interpretação do sonho de Mardoqueu.

A tradução grega já era conhecida por volta do ano 114 a.E.C., quando o texto foi enviado para o Egito como uma forma de autenticar a festa de Purim (cf. Est 10,3). Porém, a versão hebraica é anterior, já conhecida por volta de 160 a.E.C., porque 2Mc 15,36 faz referência ao "dia de Mardoqueu". Isso nos leva a pensar que a história de Ester já era conhecida e provavelmente o próprio escrito circulasse nas comunidades judaicas.

A história de Ester e Mardoqueu lembra as histórias de Daniel e de José do Egito, que lutaram em favor da libertação do seu povo.

Salmos 73, 139: confiança incondicional em Deus

Os salmos 73 e 139 são salmos de instrução. Querem dar um ensinamento: no sofrimento e na provação o salmista depura suas ideias e seus sentimentos.

O salmo 73 revela a perplexidade do salmista diante da prosperidade dos ímpios (vv. 3.12) e do sofrimento dos justos (vv. 13-14). Nessa época o ensinamento oficial do Templo era a teologia da retribuição: Deus abençoava a quem praticasse o bem e amaldiçoava a quem escolhesse o mal. Em virtude dessa doutrina, o salmista pergunta como é que na prática acontece o contrário: quem faz o bem sofre e quem pratica o mal prospera. Em vista dessa constatação,

muitos entravam em crise de fé: "De fato, inutilmente conservei o coração puro, lavando na inocência minhas mãos" (v. 13). Passada, porém, a crise, o salmista renovava a confiança incondicional em Deus: "[...] a minha porção é Deus, para sempre!".

O salmo 139 apresenta uma longa meditação sobre a onisciência de Deus. Ele conhece cada ser humano mesmo antes de ser concebido. Acompanha todos os seus atos: "Conhecias até o fundo do meu ser: meus ossos não te foram escondidos quando eu era feito, em segredo, tecido na terra mais profunda. Teus olhos viam o meu embrião. No teu livro estão todos inscritos os dias que foram fixados e cada um deles nele figura" (vv. 15-16). O salmista mostra-se maravilhado e incapaz de compreender a grandeza dos desígnios de Deus, e pede a ele que elimine os seus inimigos e renove-lhe sua fidelidade.

Escritos sobre o período dos Ptolomeus

Encontramos alguns capítulos dos livros de Isaías (24–27 e 34–35) e Joel (3–4) que falam sobre esse período histórico, mas não foram escritos nessa época. Esses textos

A globalização helenista invade a cultura de Israel

foram acrescentados a outros capítulos dos seus respectivos livros.

Isaías 24–27: Deus habitará Jerusalém

Os capítulos 24–27 de Isaías são conhecidos como "Apocalipse de Isaías". Embora não tragam todas as caraterísticas da apocalíptica, mostram, porém, uma de suas preocupações fundamentais: o fim dos tempos, quando os ímpios receberão o castigo definitivo e os justos o prêmio eterno. Esses capítulos apresentam poemas escatológicos (24,1-6; 25,6-12; 26,20–27,1) e cânticos líricos (24,7-16a; 25,1-5; 26,1-19; 27,2-13). O autor contrapõe a cidade ímpia reservada para os injustos (24,10; 25,2; 26,5; 27,10) à cidade santa reservada para os justos, os humildes e os pobres (26,1-6). Na montanha de Sião em Jerusalém, a glória do Senhor irá se manifestar (24,23; 25,6–7,10; 27,13). Nela, Deus congregará todos os povos para o banquete (25,6), embora o castigo da cidade inimiga seja o prelúdio necessário para a restauração da cidade e a ressurreição do povo (26,10).

Isaías 34–35: a paz não terá fim

Os capítulos 34 e 35, atribuídos ao Primeiro Isaías, são normalmente conhecidos como o "pequeno apocalipse de Isaías". Fazem uma descrição dos últimos e terríveis combates que o Senhor deve empreender contra as nações em geral, e contra Edom em particular (cap. 34). O segundo tema é a libertação de Sião: quando o deserto florescerá e nele se abrirá um caminho para o novo êxodo, pelo qual passará um povo purificado que se estabelecerá em Sião, para gozar de uma paz sem fim (cap. 35).

Joel 3–4: um povo renascido

O tema desenvolvido por Joel, nesses dois capítulos, reflete a mesma temática dos apocalipses de Isaías: a construção de um povo novo (Jl 3,1-2.5; 4,16b-18.20-21) e o juízo no dia do Senhor (3,3-4; 4,1-21). O povo novo será formado por aqueles que sobreviveram à tribulação e são chamados pelo Senhor ao monte Santo de Sião, onde invocarão o seu nome e serão salvos. Deus será para eles o refúgio e o baluarte.

Roteiro para o estudo do tema

1. Oração inicial
Conforme a criatividade do grupo.

2. Mutirão da memória
Compor a síntese do conteúdo já lido por todos no subsídio. Caso as pessoas não tenham o subsídio, ficará a cargo do(a) líder expor a síntese.

Recursos visuais
- Colocar no centro do grupo a madeira com o broto verde fixado.
- Escrever a frase: *Nascerá um broto novo no tronco de Jessé*.

3. Partilha afetiva
Em grupos ou no plenário, compartilhar os frutos da terra que foram trazidos: cada pessoa oferece o que trouxe para a pessoa que está à sua direita, e lembra o que aquele alimento significa, e o trabalho necessário para produzi-lo. Ex.: *Este feijão traz mais vida à mesa do brasileiro. Ele é dom desta terra abençoada em que vivemos. Leve-o para casa, como uma bênção de Deus*. No fim, cada um(a) leva para casa o alimento que recebeu.

4. Sintonia com a Bíblia
Ler Zc 8,10-17; Is 11,1.
O povo humilde de Judá recobrou o ânimo, quando pôde habitar e cultivar a terra.
Isaías diz que esse povo é o broto novo, que nasceu de um tronco seco.

Diálogo de síntese
Quando é possível compartilhar os bens da terra, nasce a vida, como o broto de um tronco seco. Quais os brotos novos que vemos nascendo no Brasil, em nossa região, em nossa comunidade?

Lembrete: para a próxima reunião, trazer tochas (velas envoltas em fundo de garrafas plásticas, ou em papel colorido). Preparar um altar para a Bíblia ornamentado com flores e com uma vela grande.

3º tema
Uma nova política ilude o povo

O povo judeu, sob o domínio dos Selêucidas, viveu momentos cruciais em sua história. Entre os reis selêucidas, Antíoco IV Epífanes se destacou pela intolerância às tradições culturais e religiosas, promovendo a helenização da sociedade judaica. Nesse contexto nascem escritos de resistência como Tobias, Judite, Eclesiástico e outros.

Israel sob o domínio dos Selêucidas da Síria: 198-142 a.E.C.

Selêuco Nicátor era um dos generais de Alexandre Magno, e deu início à dinastia dos Selêucidas ainda em 313 a.E.C. Estabeleceu sua capital, Antioquia da Síria, e uma residência oficial na Babilônia. Ele e seus sucessores, chamados Selêucidas, ameaçaram diversas vezes os Ptolomeus até conseguir tomar deles o domínio sobre a região da Judeia, em 198 a.E.C., na batalha de Panion. A dinastia dos Selêucidas já se encontrava bem solidificada quando Antíoco III Magno ocupou a região da Judeia. Cinco reis já o haviam precedido no trono, como se observa na seguinte sucessão:

- Selêuco I Nicátor: 305/4-281 a.E.C.
- Antíoco I Soter: 281-261 a.E.C.
- Antíoco II Teos: 261-246 a.E.C.
- Selêuco II Calínicos: 246-226 a.E.C.
- Selêuco III Cerauno: 226-223 a.E.C.
- *Antíoco III Magno*:   223-187 a.E.C.
- *Selêuco IV Filopátor*:   187-175 a.E.C.
- *Antíoco IV Epífanes*:   175-164 a.E.C.

- Antíoco V Eupátor: 164-162 a.E.C.
- Demétrio I Soter: 162-150 a.E.C.
- Alexandre Balas: 150-145 a.E.C.
- Antíoco VI: 144-142 a.E.C.
- Trifão rei: 142-138 a.E.C.
- Antíoco VII Sidetes: 139-129 a.E.C.

De 129 a 64 sucederam-se as lutas fratricidas dos Sidetes. O nosso interesse volta-se sobretudo para Antíoco III Magno — que conquistou dos Ptolomeus a região de Israel —, Selêuco IV Filopátor e Antíoco IV Epífanes. A sequência cronológica acima, embora aproximativa, ajuda-nos a situar no contexto os reis que nos interessam em particular.

Antíoco III Magno: privilégios e interesses

O domínio dos Selêucidas sobre a região da Judeia começou em 198 a.E.C., quando Antíoco III Magno venceu os Lágidas na batalha de Panion. A troca de domínio dos Lágidas para os Selêucidas não significou apenas uma mudança de poder, mas uma significativa melhora para o povo. A população de Judá não estava satisfeita sob o domínio dos Ptolomeus. Havia grande descontentamento. Eles eram menos generosos em conceder certos privilégios aos países dominados, pois tinham medo de perder o poder ao dar muita autonomia. Temiam as consequências, como a perda da hegemonia. Contrariamente, os Selêucidas eram mais generosos, concediam aos países dominados a liberdade de se organizarem à maneira das cidades gregas, com um conselho e as assembleias dos cidadãos, mesmo que essa liberdade não se estendesse a toda a população, como a escravos e libertos.

Antíoco III favoreceu muito os habitantes de Jerusalém, renovando os privilégios para a cidade e o Templo por meio de um decreto especial, no qual ele reconheceu a boa acolhida que os Selêucidas tiveram por parte do Sinédrio, que saiu ao encontro deles, deu comida ao exército e aos elefantes, e ajudou o exército selêucida a capturar a guarnição egípcia. Em retribuição, Antíoco III ajudou a reconstruir a cidade destruída pelas ações bélicas e permitiu que os habitantes dispersos voltassem para repovoar as cidades; deu liberdade aos prisioneiros; providenciou animais, sal e lenha para os sacrifícios do Templo; ofereceu vinho, azeite, incenso, grãos e farinha para os ritos; proibiu a importação de carnes ritualmente impuras; incentivou o término das obras do Templo e liberdade para viverem a lei segundo as prescrições dos antepassados; isentou o conselho dos anciãos, sacerdotes e escribas das taxas do Templo sobre os animais e o sal; aos demais cidadãos de Jerusalém concedeu a mesma isenção de impostos durante três anos; dispensou os cidadãos de um terço dos serviços obrigatórios. Antíoco III confirmou o direito dos judeus de se regerem segundo sua lei, a Torá (2Mc 4,11).

Nessa época, começou a destacar-se uma nova potência no cenário internacional: Roma. Sinais importantes foram a unificação da Itália e a vitória sobre Cartago, na segunda guerra púnica (218-201 a.E.C.), depois de já ter conquistado a parte ocidental do Mediterrâneo. Antíoco III tratou de garantir as fronteiras ao sul, depois avançou pela Ásia Menor, confrontando-se com Roma, e foi derrotado na batalha de Magnésia (Dn 11,18). Teve de entregar todo o território que já havia conquistado na Ásia Menor, desarmar o exército, pagar grande indenização e entregar seu filho Antíoco como refém (1Mc 8,6-7).

A paz e a "autonomia" custaram-lhe muito caro. Antíoco III, pressionado pela enorme dívida contraída com Roma, apelava para todos os meios, lícitos ou não, a fim de saldá-la. Foi morto enquanto se apoderava do tesouro do templo de Bel, na Elimaida, no ano 187 a.E.C. (cf. Dn 11,19). Seu filho Selêuco IV Filopátor sucedeu-o no trono.

Selêuco IV Filopátor: o alto preço dos favores

Selêuco IV Filopátor afrontou as dívidas do pai Antíoco III e implantou rigorosa política fiscal, que afetou também a Judeia (Dn 11,20). Em Jerusalém enfrentou uma situação interna muito difícil.

Duas famílias tradicionais viviam em disputa constante pela hegemonia do poder. A família de Oníades — de descendência sacerdotal da linha de Sadoc, que se considerava no direito de sucessão ao cargo de sumo sacerdote — e a família de Tobíades, que só conseguira cargos administrativos na Judeia, Transjordânia e de organização do Templo. Tobias, o amonita, opôs-se aos trabalhos de reconstrução dos muros de Jerusalém, no tempo de Neemias. Um descendente dele, também de nome Tobias, era general da colônia militar da região de Amon e casado com a filha do sumo sacerdote

Onias; teve com ela três filhos: José, Simão e Hircano.

José, o filho mais velho, tomou do pai o cargo de administrador, que controlava a política fiscal da Judeia e da Transjordânia. Favorecia, porém, uma pequena parcela da população, os magnatas de Judá, o que levou a outra parte da população a se rebelar contra suas injustiças. Além do mais, limitou muito a influência do sumo sacerdote e da família de Oníades.

Simão, o segundo filho de Tobias, era inspetor da administração do Templo. Ele entrou em conflito com o sumo sacerdote Onias por questões relacionadas com a supervisão do mercado da cidade. Ele sabia da grande soma de dinheiro que Onias guardava no Templo, e informou a Apolônio, o governador da Síria. Apolônio, por sua vez, comunicou ao rei selêucida, Selêuco IV Filopátor, endividado com Roma. Ele mandou imediatamente o seu ministro Heliodoro ao encontro de Onias para obter a soma de dinheiro. Onias informou-o de que este pertencia às viúvas e órfãos, e a sua maior parte a Hircano Tobias, irmão de Simão Tobias. Heliodoro invadiu o tesouro do Templo, apesar das resistências, mas ficou imobilizado diante de uma visão que o impediu de prosseguir. Desistiu do seu intento e informou ao rei que naquele lugar havia um poder divino (cf. 2Mc 3,4-40).

O relato, sem dúvida, é tendencioso, mas reflete o conflito que havia entre os reis selêucidas e os sumos sacerdotes, ávidos de dinheiro. Onias decidiu fazer uma visita ao rei, mas, ao chegar, Heliodoro já o havia liquidado.[1]

Apesar da tentativa de obter recursos do tesouro do Templo de Jerusalém para pagar a dívida externa imposta por Roma, Selêuco IV parece ter tido boas relações com os judeus, pagando com sua renda pessoal todas as despesas necessárias para os sacrifícios (2Mc 3,3). Conseguiu libertar alguns reféns que seu pai, Antíoco III, teve de entregar a Roma, entre eles seu irmão Antíoco, ficando, porém, seu filho Demétrio. Selêuco IV Filopátor foi assassinado por seu ministro Heliodoro em 175 (Dn 11,20;[2] 2Mc 3), quando então Antíoco, seu irmão, o sucedeu no trono.

Antíoco IV Epífanes: o rei-deus

Antíoco IV Epífanes é o filho menor de Antíoco III e irmão de Selêuco IV, a quem sucedeu no trono. Sua política apressou o declínio da dinastia selêucida e provocou a revolta dos Macabeus. Ele era muito pretensioso: usou o nome de uma das divindades mais invocadas na Grécia para se proclamar: "Zeus" Epífanes. Agindo dessa forma desagradou gregos e judeus, e rompeu a promessa feita por seu pai a estes, de respeitar sua autonomia religiosa.

Ele desestabilizou também a legitimidade da sucessão ao cargo de sumo sacerdote, nomeando quem lhe oferecesse maiores vantagens econômicas (2Mc 4,23-29), pois precisava pagar os tributos que Roma lhe impôs. Por isso, em Jerusalém os sumos sacerdotes se sucederam em ritmo acelerado: Onias III era sumo sacerdote quando ele assumiu o poder (2Mc 3,4-5). Enquanto Onias estava viajando, o seu cargo foi roubado por seu irmão Jasão, que, além de romper com a legitimidade da linha sacerdotal, apoiou o helenismo (2Mc 4,7-20). Mas ele não durou muito tempo, pois apareceu Menelau que extorquiu do rei o cargo de sumo sacerdote, "superando em trezentos talentos de prata a oferta de Jasão". Essa situação causou muito descontentamento entre os judeus.

Helenização de Antíoco IV

Antíoco IV Epífanes *promoveu a helenização na Judeia*. Como ele não era aceito em Jerusalém (2Mc 5,1-4), mandou Apolônio, "o

---

[1] Cf. Herrmann, S. *Historia de Israel en la época del Antiguo Testamento*. Salamanca, Sígueme, 1985. pp. 433-451.

[2] Cf. Bíblia de Jerusalém, nota a Dn 11,20.

encarregado dos impostos" (1Mc 1,29; 2Mc 5,24), para helenizar a cidade e tomar as medidas necessárias para sua segurança militar. Em todos os seus empreendimentos encontrou grande apoio nos sumos sacerdotes helenizados.

Mandou construir ao lado do Templo, na colina ocidental, Acra, a cidade alta, também conhecida com o nome de "Antioquia de Jerusalém". Não era muito grande, mas servia para abrigar a guarnição sírio-macedônica e refugiar os judeus helenizantes (1Mc 1,33-35), até ser conquistada por Simão Macabeu (1Mc 13, 49-51). Ela constituía uma ameaça constante ao Templo, que estava situado sobre o monte Sião, na parte leste, mas em nível inferior. Nela construiu um ginásio de esportes e um templo consagrado a Júpiter (cf. croqui n. 27).

O povo judeu já havia lançado raízes profundas, nesses anos todos, em torno de seus princípios religiosos, da Lei, de tradições culturais e religiosas que o tornava diferente do resto dos povos orientais. O helenismo já havia conquistado uma certa unidade cultural entre os demais povos do Oriente, depois da conquista de Alexandre, exceto entre os judeus. Nem todos haviam aderido à helenização, mas a maioria que aderiu era constituída de pessoas influentes,

de sumos sacerdotes e de membros da elite. A assimilação dos princípios dessa nova cultura não era possível sem quebrar os princípios que asseguravam a fidelidade à Lei e às tradições judaicas.

A cultura helenista, no confronto com a cultura Oriental, julgava-se superior, com uma visão mais aberta e universal. A cultura judaica distinguia-se, ainda, entre as diversas culturas do Oriente: era considerada tradicional e fechada em si mesma; falavam uma língua incompreensível; praticavam costumes diferentes; comiam alimentos estranhos e até repugnantes. Segundo os helenistas, não seguiam leis justas como a do jejum, nem conheciam a arte e formas culturais diversas. Enquanto os gregos eram conhecidos por uma língua "universal", por seus grandes filósofos, por suas divindades, por muitas ciências apreciadas na época — como astronomia, matemática, literatura, jurisprudência — e pela arte figurativa e melódica. Tinham cidades monumentais, escolas de filosofia, ginásios de esporte, termas e circos famosos.

Isso encantava a elite jovem judia, que percebia a própria cultura pouco conhecida e aceita entre os povos. Sua fé era muito austera com instituições únicas e "antiquadas", como o descanso do sábado, a emancipação do escravo depois de seis anos pelo

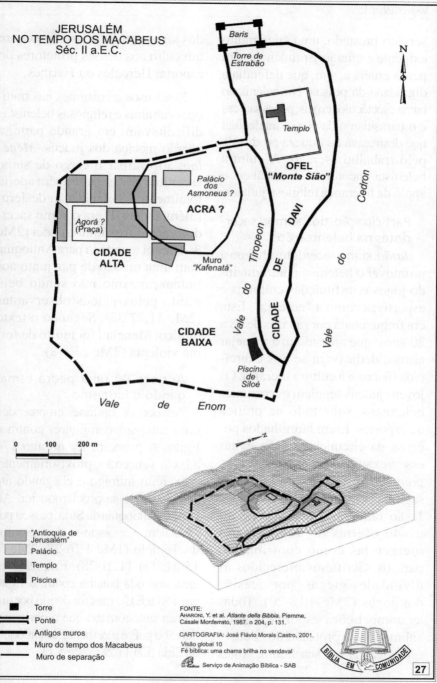

serviço prestado, uma ética muito exigente e uma jurisprudência sem penas cruéis e, sim, que defendia a dignidade da pessoa. No helenismo havia espetáculos cruéis, penas sádicas e o parasitismo da classe intelectual que desfrutava da riqueza produzida pelo trabalho escravo. A cultura helenista encontrava ressonância e apoio da liderança religiosa judaica.

Participação dos sumos sacerdotes na helenização

Jasão, sumo sacerdote, chegou a promover o helenismo introduzindo jogos e instituições culturais e esportivas como a "eufebia". Esta era frequentada por rapazes de 18 a 20 anos, que aprendiam a manejar armas, dedicavam-se aos exercícios físicos e à cultura literária. Os jovens judeus seguiam os costumes helenistas, sobretudo na prática de esportes. Eram humilhados por causa da circuncisão. Para evitar esse vexame, "restabeleciam seus prepúcios e renegavam a aliança sagrada" (1Mc 1,14-15; 2Mc 4,9). Jasão também é acusado de ter usado ofertas do Templo para oferecê-las como contribuição para os sacrifícios oferecidos às divindades gregas, por ocasião dos jogos (2Mc 4,18-20). Todas as competições esportivas eram submetidas à proteção dos deuses e praticadas em sua honra. Antes dos jogos competitivos oferecia-se um culto aos deuses protetores do esporte: Hércules ou Hermes.

Esses usos e costumes nas tradições culturais e religiosas helenistas dificultavam, em grande parte, a adesão maciça dos judeus. *Menelau*, ao usurpar o cargo de sumo sacerdote de Jasão, também aderiu totalmente à helenização de Jerusalém. Onias III era o sumo sacerdote quando assumiu o poder (2Mc 3–4), e foi mandado para Antioquia com uma missão de paz junto aos judeus, mesmo não sendo bem aceito pelos judeus observantes (2Mc 11,27-32). Segundo o texto bíblico, Menelau foi morto de forma violenta (2Mc 13,1-8).

Antíoco IV: uma pedra esmagando o judaísmo

Antíoco IV Epífanes empreendeu duas campanhas militares contra o Egito. A primeira foi no ano 170 a.E.C., vencendo, provisoriamente, o exército inimigo e chegando até Mênfis, onde se proclamou rei. Ao voltar a Antioquia da Síria, passou por Jerusalém e apossou-se dos tesouros do Templo (1Mc 1,16-28; 2Mc 5, 15-21; Dn 11,21-28). Empreendeu uma segunda batalha contra o Egito em 168 a.E.C., mas foi detido por um comandante romano que o obrigou a deixar o país e a retornar à Antioquia da Síria (Dn 11,28; 2Mc 5,1).

No ano 167 a.E.C., Antíoco IV Epífanes desencadeou uma grande perseguição religiosa contra os judeus. Não só proibiu o culto ao Senhor, os sacrifícios no Templo, a circuncisão, a observância do sábado e as dietas alimentares, como decretou sentenças de morte para quem os praticasse. Mandou oferecer sacrifícios aos deuses (1Mc 1,59; 2Mc 10,5; 6,2) no Templo de Jerusalém, e ergueu um altar dedicado à divindade pagã "Zeus Olímpico" — esse gesto foi interpretado por Daniel como a "abominação da desolação" (Dn 9,27). Os usos e ritos do judaísmo eram julgados como delitos políticos e rebelião contra a soberania selêucida.

Muitos judeus, para não renegarem as tradições religiosas, migraram para outras terras, aumentando assim o número de cidades que eles ocupavam na diáspora (1Mc 15,22-23). Outros ainda preferiam a morte a renunciar à própria fé (2Mc 6,18–7,42).

Antíoco IV Epífanes, apesar de encontrar grande resistência, sobretudo por parte dos Macabeus e dos Assideus[3] — comunidades de judeus apegados à Lei (1Mc 2,42) —, continuou a perseguição aos judeus, até se confrontar com a resistência armada da família sacerdotal de Matatias (1Mc 2, 15-28). A oposição crescia cada vez mais, sobretudo no campo. Antíoco morreu como seu pai, enquanto tentava despojar um templo iraniano no ano 164 a.E.C. (1Mc 6,1-17; 2Mc 9; 10,9-13).

Escritos bíblicos do período selêucida: fé e heroísmo

No período da ocupação selêucida, surgiram outros escritos que retratam os conflitos desse período: Judite, Tobias e Eclesiástico.

Judite: Deus age pela mão de quem o ama

Judite é a personagem principal do livro que leva seu nome. Era viúva, e conhecida por sua piedade e beleza. Quando o potente exército de Holofernes, general persa, cercou Betúlia — pequena cidade da tribo de Benjamim situada junto à estrada que conduz a Jerusalém (Jd 4,6) —, e ameaçou destruí-la, junto com sua população predominantemente judia, Judite apresentou-se ao general para defender sua terra natal. Holofernes se apaixonou por ela e ofereceu-lhe um banquete. No final, estava muito bêbado e a introduziu em seus aposentos. Ela

---

[3] Assideus, da palavra hebraica *hassidim*, que significa "os piedosos ou devotos". É um grupo de judeus que queria manter a pureza da observância da Torá.

encheu-se de coragem e decepou-lhe a cabeça. Com sua morte, o exército que ameaçava Betúlia foi disperso, e a população, salva do inimigo.

O livro não faz parte da Bíblia hebraica. Chegou a nós por meio da Bíblia grega. Ele quer mostrar o poder e a determinação de Deus mediante intermediários que nele confiam, como essa viúva. Ela era fiel à Lei e muito piedosa, como o demonstram seus discursos e conduta. Leia, no livro, o discurso de Aquior (5,5-21), de Judite (8, 11-27) e sobre a conduta dela (8,6; 10,5; 12,2.19).

O livro pode ser subdividido em três partes: *1–7*: a campanha de Holofernes de ataque a Israel, cercando a cidade de Betúlia, com a ajuda de Moab e Edom; *8–16,20*: a intervenção de Judite e a vitória sobre o inimigo; *16,21-25*: a oferta a Deus da própria viuvez, por parte de Judite, na piedade e fidelidade, em memória do marido.

Tobias: a certeza de que Deus é fiel

O livro de Tobias não se encontra na Bíblia hebraica. Ele chegou até nós por meio da Vulgata (Bíblia latina). Divide-se facilmente em quatro partes. O prólogo (Tb 1,3–3,17) narra diversos fatos sobre a vida de Tobit e de sua família, durante o exílio, onde ficou fiel à Lei e às tradições dos antepassados. Retrata a cegueira de Tobit e sua condição de indigente, e introduz a história de Sara, uma judia piedosa que já havia tido sete maridos, os quais, antes de consumar o matrimônio, eram mortos por um demônio de nome Asmodeu.

Nos capítulos 4–9, Tobit encarrega seu filho Tobias de ir à cidade de Ecbátana resgatar um dinheiro, mas o orienta para levar alguém consigo. O anjo Rafael — que oculta sua identidade usando o nome de Azarias — aceita acompanhá-lo na viagem. E, no decorrer dela, é ele quem impede que Tobias seja devorado por um peixe, e sugere que ele guarde as vísceras do animal. Em Ecbátana Tobias conhece Sara e se apaixona por ela, mas só consegue desposá-la depois de expulsar o demônio Asmodeu que a amaldiçoara, incinerando as vísceras de peixe que havia guardado.

Nos capítulos 10–13, Tobias, Sara e Rafael voltam para Nínive. Com o fel do mesmo peixe Tobias cura a cegueira do pai. O anjo Rafael despede-se e segue para o céu sem revelar sua identidade. Tobias entoa um hino de louvor a Deus pelas suas grandes obras.

Uma nova política ilude o povo

O Epílogo (cap. 14) fala da morte de Tobit com idade avançada, depois de ter instruído o filho sobre a observância da Lei. O livro insiste sobre algumas obras beneficentes características do judaísmo: esmola (Tb 1,17; 4,7-11), piedade em relação aos mortos (2,2-4; 4,4; 14,12-13), atenção aos peregrinos (1,6; 5,14) e abstenção de alimentos pagãos (1,10-12).

O livro de Tobias quer ensinar que Deus não abandona jamais quem nele confia. Esse homem passou por tantas provações que pareciam insolúveis e, no entanto, Deus abriu os caminhos e recompensou sua fidelidade. Representa a visão nacionalista da tradição ortodoxa judaica.

Eclesiástico ou Sirácida: a sabedoria é simples

O livro do Eclesiástico é também conhecido pelo nome de Sirácida, porque foi escrito por "Jesus, filho de Sirac" (Eclo 50,27; 51,30). Tudo indica que ele era um escriba bem conceituado em Jerusalém, dedicado ao estudo da Lei desde a juventude e empenhado em comunicá-la aos outros (Eclo 24,34; 33,18). Tinha um apreço especial pelo Templo, pelo sacerdócio e pelo culto (Eclo 50,5-21). O autor revela um certo mal-estar que expressa o sentimento de muitos correligionários. Por isso, ele se põe a escrever para defender os princípios religiosos e culturais do judaísmo em relação à sua visão de Deus, do mundo, do ser humano, e em relação à sua consciência de ser o povo escolhido.

O livro faz parte do bloco dos escritos sapienciais já conhecido em Israel. A especificidade do Sirácida é reler a história de seu povo sobre o prisma sapiencial (Eclo 44,1–50,29). Ele identifica a sabedoria com a lei dada a Israel no Monte Sinai (Eclo 24,23).

Outro tema caro ao Sirácida é o temor a Deus (Eclo 2,15-17), que se manifesta pela observância da Lei. E quem é fiel à Lei também é sábio (Eclo 1,26; 6,37). A busca da sabedoria se identifica com o estudo da Torá e vice-versa. Na compreensão do Sirácida, Deus é eterno e único (Eclo 18,1; 36,4; 42,21); conhece tudo (Eclo 42,18-25); ele é o tudo (Eclo 43,27); governa o universo com justiça e providência (Eclo 16,17-23). Ele é o Pai não só de Israel (Eclo 17,17; 24,12), mas de cada ser humano (Eclo 23,1).

Sirácida escreveu essa obra entre os anos 200 e 180 a.E.C., na fase de transição do poder dos Ptolomeus para os Selêucidas. Desde Alexandre Magno (333) a cultura grega começou a se impor no Oriente, e em diversos pontos ela se constituiu numa ameaça às exigências fundamentais da religião judaica (Eclo 2,12-14).

A visão da retribuição pelo bem ou pelo mal que alguém realiza está limitada a uma visão terrestre: saúde e vida longa; grande descendência e renome; prosperidade e abundância para quem faz o bem e o contrário a quem pratica o mal.

O livro de Sirácida não faz parte da Bíblia hebraica. É formado por uma coletânea de sentenças sobre os mais diversos assuntos. Pode ser dividido em duas grandes partes: a primeira (Eclo 1–23), traz o louvor à sabedoria que em todos os casos vem de Deus: Eclo 1,l.16.20; 2,1-4.10. As virtudes ligadas à sabedoria recebem um grande elogio: paciência, humildade, misericórdia, confiança em Deus, obediência aos seus mandamentos, piedade filial, solidariedade para com os pobres (Eclo 4,11–6,17). Seguem diversos conselhos práticos sobre: as companhias, a busca da sabedoria, as advertências sobre o dinheiro, o amor, a previdência, o autocontrole, os sábios e os estultos, os justos e os pecadores (Eclo 6,18–23,27).

A segunda parte de Eclo 24–50 começa com a autoapresentação da sabedoria, que se identifica com a Torá de Moisés. Os temas são muitos: matrimônio, honestidade, prudência, educação dos filhos, sabedoria e outros. Resumindo, o autor do Eclesiástico evidenciou diversos elementos que entraram em confronto com a cultura helenista: em particular a fé, a Torá, a ética e a sabedoria. O autor acentua a fé no Deus UM que salva o indivíduo e a coletividade, base da resistência espiritual e cultural judaica à helenização (Eclo 17,14.17 e Dt 32,8-52). Israel é o povo escolhido pelo Senhor. Deus é quem lhe deu a Torá que manifesta a sua vontade com forte dimensão ética na linha da pregação profética: Eclo 2,15-17; 15,11-13; 32,14; 35,3.5. Essa vontade divina é revelada ao homem mediante a Torá: Eclo 2,16. É sábio aquele que a segue. A sabedoria de Israel é entendida como bem viver, voltada para a prática da vida e não tanto para o saber especulativo, próprio do helenismo.

Salmos 44; 74; 86; 91: lágrimas diante de Deus

Os salmos 44 e 74 integram as orações coletivas de pedido de socorro. O salmo 44 é uma espécie de elegia

Uma nova política ilude o povo

nacional que opõem aos triunfos do passado as humilhações do presente: "Ó Deus, nós ouvimos com nossos ouvidos, nossos pais nos contaram a obra que realizaste em seus dias, nos dias de outrora, com tua mão. Para plantá-los expulsaste nações [...] (v. 2). Tu nos entregas como ovelhas de corte, tu nos dispersaste por entre as nações; vendes o teu povo por um nada, e nada lucras com seu preço" (vv. 12-13). O salmo 74 faz uma lamentação após o saque do Templo. Esse episódio pode referir-se ao tempo do rei Nabucodonosor em 587 a.E.C. ou também a Antíoco IV Epífanes, por volta de 169 a.E.C. (Sl 74,3; cf. 1Mc 1,1-28). Nesse salmo a causa do povo eleito identifica-se com a causa do Senhor (v. 10).

O salmo 86 faz parte das orações de pedido de socorro na provação: "Eu grito a ti no dia da angústia [...]"; e, ao mesmo tempo, de agradecimento pela libertação obtida: "Eu te agradeço de todo o coração, Senhor meu Deus, vou dar glória ao teu nome para sempre, pois é grande o teu amor para comigo: tiraste-me das profundezas do Xeol" (vv. 7.12-13). O salmo 91 é uma oração de confiança que o justo dirige a Deus. Ele experimentou a provação e assim mesmo renova sua entrega: "É ele [Deus] quem te livra do laço do caçador [...] ele te esconde com suas penas, sob suas asas encontras um abrigo. Sua fidelidade é escudo e couraça" (v. 3).

Escritos sobre o período selêucida: busca de identidade

Alguns escritos são posteriores, mas se referem ao período dos Selêucidas, como 1 e 2 Macabeus. 1 Macabeus revela uma preocupação maior com os interesses patrióticos e nacionalistas. Inicia com a divisão do reino de Alexandre Magno (323 a.E.C.) (1,1-9), passa para a helenização sob Antíoco IV Epífanes (175-164 a.E.C.), segue com a reação de Matatias e seus filhos e vai até Simão em 134 a.E.C. O autor de 1 Macabeus é de origem palestinense, e sua preocupação central é a teologia da retribuição. Deus recompensará, no além, toda a fidelidade à sua Lei e a resistência ao mal. Tudo indica que foi escrito depois de 2 Macabeus.

O segundo livro de Macabeus não é continuação do primeiro. O seu autor carrega o estilo dos autores helenistas. Os primeiros sete capítulos do livro correspondem em grande parte aos conteúdos de 1 Macabeus. Inicia suas narrativas já no final do reinado de Seleuco IV, predecessor de Antíoco Epífanes e vai até a derrota de Nicanor, antes da morte de Judas Macabeu.

Roteiro para o estudo do tema

1. Oração inicial
Conforme a criatividade do grupo.

2. Mutirão da memória
Compor a síntese do conteúdo já lido por todos no subsídio. Caso as pessoas não tenham o subsídio, ficará a cargo do(a) líder expor a síntese.

Recurso visual
Acender, no centro da sala, o círio pascal ou uma vela grande, ou mesmo uma lamparina, que simboliza a fé. Rodeá-la de flores. Depois colocar ao redor dela os escritos das pessoas que serão lembradas.

3. Partilha afetiva
Em grupos menores, dialogar: durante a helenização, muitos israelitas arriscaram a vida pela fé.

- Em minha vida existem valores pelos quais eu me arriscaria até a morte?
- Qual é a força que sustenta esses valores?
- Conheço alguma pessoa que sofreu ou morreu para defender os valores de sua vida?
- Escrever em papéis os nomes das pessoas lembradas e colocá-los ao redor da chama acesa.

4. Sintonia com a Bíblia
Ler 2Mc 6,18–7,42.

Vários mártires são torturados e mortos proclamando a certeza de que Deus não os abandonou.

Diálogo de síntese
A situação de opressão extrema de muitas pessoas levou-as também à fé heroica. Na Igreja do Brasil já houve, ou ainda há, situações de opressão? Elas interpelam a nossa fé?

Lembrete: para a próxima reunião, trazer fotografias de filhos, netos, bisnetos, sobrinhos.

4º tema
O amor constrói a fidelidade

A resistência judaica à helenização imposta pelos reis selêucidas chegou ao confronto armado no tempo dos Macabeus. Matatias e seus filhos, da tradição sacerdotal, tomaram distância para melhor se organizar a fim de reconquistar o seu espaço e a autonomia de suas tradições culturais e religiosas.

Movimentos de resistência judaica

Na cultura helenista, a vida presente merecia ser vivida intensamente, pois a morte não era vista como uma libertação feliz. Os helenistas preocupavam-se com a plena afirmação do eu, tinham uma visão mais individualista da vida e rejeitavam a mortificação da carne e todas as formas de abnegação que pudessem diminuir a satisfação total dos sentidos. O judaísmo, ao contrário, era estruturado sobre os princípios da comunidade constituída pela família patriarcal, o clã e a tribo. Possuía apreço pelo prazer da vida, mas orientado pela disciplina, leis e normas que não tinham um fim em si mesmas, mas visavam à felicidade de todos em uma convivência mais igualitária.

Outro ponto de conflito entre gregos e judeus, na época, era a tradição religiosa. Os gregos admitiam o politeísmo (muitos deuses), enquanto o judaísmo era monoteísta (um só Deus). Na tradição grega a religião não interferia na moral e na ética da vida pessoal, familiar e social. Já na tradição religiosa judaica, a adesão a Deus exigia fidelidade e coerência com os princípios éticos e morais da Lei de Moisés.

A insatisfação por parte da população mais fiel às tradições culturais e religiosas, dentro do judaísmo, foi crescendo de tal forma que a família sacerdotal de Matatias liderou uma resistência aberta à helenização que vinha sendo imposta pelos reis selêucidas, sobretudo por Antíoco IV Epífanes.

Sacerdote Matatias: a vida pela aliança dos pais: 167 a.E.C.

Antíoco IV Epífanes e seus conselheiros, apoiados sob o testemunho dos judeus helenizantes, achavam que a maior parte da população judaica estivesse pronta para aceitar a cultura grega. Mas na realidade isso não estava acontecendo.

Mesmo assim, a imposição cultural e religiosa helenista continuou até chegar a um confronto armado, na

O amor constrói a fidelidade

cidade de Modin, distrito de Lida, na Judeia. Matatias e seus filhos se recusaram a obedecer às ordens do rei, que os obrigava a fazer sacrifícios a Zeus, uma divindade grega. Matatias chegou a matar um correligionário judeu e um dos mensageiros do rei que pretendiam apresentar ofertas a Zeus. Destruiu também o altar erigido ao deus estrangeiro (1Mc 2,24-25). Temendo represália, Matatias e seus filhos fugiram refugiando-se nas montanhas de Gofna (1Mc 2,28), onde foram alcançados pelos assideus, homens piedosos que se agregaram a eles em defesa da Lei (1Mc 2,42). De vez em quando, eles saíam de seus refúgios e andavam nos arredores destruindo os altares erigidos aos deuses estrangeiros e incentivavam a população de judeus a se rebelar contra os helenizadores que haviam se estabelecido em Jerusalém sob a proteção do exército selêucida.

Matatias não viveu muito tempo. Antes de morrer fez um testamento e confiou aos filhos a continuidade da missão, dando-lhes sua bênção: "'Triunfam agora a insolência e o ultraje e é o tempo da destruição e da cólera enfurecida. Agora, pois, meus filhos, tende o zelo da Lei e dai as vossas vidas pela Aliança de nossos pais. Recordai-vos dos feitos de nossos antepassados em seu tempo e granjeareis uma glória esplêndida e nome imorredouro [...]. Meus filhos, sede fortes e apegai-vos firmemente à Lei, porque é na Lei que sereis glorificados'. A seguir abençoou-os e foi reunido a seus pais" (1Mc 2,49-51.64.69).

No lugar de Matatias assumiu seu filho Judas, o qual recebeu o apelido de Macabeu, que significa "martelo" na língua hebraica, talvez em alusão a Zc 2,1-5 e Dn 7,24-25. Os quatro irmãos de Judas: João, Simão, Eleazar e Jônatas tinham apelidos diferentes, mas eram geralmente identificados pelo mesmo apelido de Judas (1Mc 2,2-5) (cf. fluxograma n. 28).

Judas Macabeu: olhos fixos na paz distante (166-160 a.E.C.)

Judas Macabeu, desde que assumiu o lugar do pai, enfrentou muitas lutas e obteve diversas vitórias. A primeira batalha que levou adiante, sem o pai, foi contra Apolônio, governador da região de Gofna e comandante do exército selêucida situado na Samaria. Apolônio manifestou-se para abafar a revolta dos Macabeus, mas Judas e seu exército confrontaram-se com ele na subida de Lebna. Judas matou Apolônio, tomou sua espada e ficou "combatendo com ela por todos os seus dias" (1Mc 3,12). O Macabeu enfrentou

53

DINASTIAS ASMONEIA E HERODIANA
(167 a.E.C. a 95 E.C.)

28

FONTE:
1Mc 2,2-5
SCHÜRER, E. Storia del popolo giudaico al tempo di Gesù Cristo. Vol. 1, Brescia, Paideia, 1985. v. 1.
ARTE: José Flávio Morais Castro, 2001.

Visão global 10
Fé bíblica: uma chama brilha no vendaval

Serviço de Animação Bíblica - SAB

Judas Macabeu (166-160 a.E.C.)
Jônatas Afus (160-143 a.E.C.)
Simão Tasi (143-134 a.E.C.)
João Gadi
Eleazar Auarã
Matatias 167 a.E.C.

João Hircano (134-104 a.E.C.)
Aristóbulo I (104-103 a.E.C.)
Judas
Mattias

Alexandre Janeu (103-76 a.E.C.)
Alexandra Salomé (76-67 a.E.C.)

Hircano II (67 e 63-40 a.E.C.)
Aristóbulo II (67-63 a.E.C.)

Alexandra
Alexandre
Antígono (40-37 a.E.C.)
Aristóbulo III

Cleópatra
Herodes Filipe, o Tetrarca (4 a.E.C. - 34 E.C.)
Salomé

Maltace
Herodes Antipas (4 a.E.C. - 39 E.C.)
Filha de Aretas; Herodíades;

Arquelau 4 a.E.C.-6 E.C.

Mariana II
Herodes Filipe
Salomé

Antipater I
José I
Antipater II (Cipro I)
Salomé

Fasael I
Fasael II
Cipro II (Agripa I)

Herodes, o Grande (37-4 a.E.C.)
Doris (Iduméia)
Antipater
Mariana I

Alexandre
Aristóbulo IV
Salampsio
Cipro III
Herodíades

Herodes de Cálcis (41-48 E.C.)
Herodes Agripa I (37-44 E.C.)
Herodes Agripa II (48-95 E.C.)
Berenice

Drusila
Aziz, rei de Emesa
Félix, o procurador

Dinastia Asmoneia
Dinastia Herodiana
Uniões matrimoniais

© Pia Sociedade Filhas de São Paulo, 2001

O amor constrói a fidelidade

sucessivamente diversas represálias de comandantes selêucidas: Seron, em Bet-Horon em 166 a.E.C. (1Mc 3,13-24), Lísias, em Emaús em 165 a.E.C. (1Mc 3,38–4,25 e 2Mc 8, 2-29) e mais tarde em Betsur (1Mc 4,28-61).

A vitória de Judas em Betsur sobre Lísias, general e ministro de Antíoco IV Epífanes, foi muito importante, pois possibilitou a entrada dos Macabeus em Jerusalém. Eles conquistaram a cidade e o Templo, mas não a fortaleza de Acra (1Mc 1,33-35); restauraram e purificaram o Templo que tinha sido abandonado há muito tempo; restituíram o culto ao Senhor, no seu estado primitivo, que há três anos e meio estava interrompido. Nessa ocasião foram acesas as lâmpadas do candelabro de sete braços, conhecido pelo nome *menorah*.[1] Ele era usado para iluminar o Templo. Assim, no dia 25 de Casleu (9º mês do calendário babilônico, que vai da metade do mês de novembro até a metade do mês de dezembro) do ano de 165 a.E.C., pela primeira vez, foi celebrada a festa de *Chanucá*, das Luzes ou da Dedicação do Templo. Judas fortificou o monte Sião, o monte do Templo e Bet-

sur, "para que o povo tivesse uma defesa contra a Idumeia" (1Mc 4,28-61).

A vida em defesa da terra

Judas Macabeu teve de enfrentar muitas campanhas militares defensivas e expedições militares ofensivas, não só contra os Selêucidas, mas também contra os povos vizinhos: idumeus e amonitas ao sul e os habitantes do além Jordão, da região de Galaad (1Mc 5,3-13. 24-36; 2Mc 10,24-37; 12,1-11), que oprimiam os judeus.

Simão, seu irmão, ao mesmo tempo avançava ao norte em direção a Aco (isto é, Ptolomaida), Tiro e Sidônia. Igualmente vitorioso, tomou consigo os hebreus da Galileia e de outras regiões e os conduziu a Jerusalém. Judas uniu-se a Simão e fizeram cerco à "Cidadela de Acra", em Jerusalém. Mas precisaram desistir do cerco e se instalar em Bet-Zacarias, onde combateram contra Lísias. Não foram bem-sucedidos. Nessa batalha morreu Eleazar, filho mais novo de Matatias, irmão dos Macabeus (1Mc 6,46). Judas foi constrangido a retornar ao seu refúgio em Gofna. Lísias e Antíoco retornaram a Je-

---

[1] A menorah, candelabro com sete braços, inicialmente usado no Templo (Ex 25,31-39; 26,35; 1Rs 7,49), hoje é um dos símbolos do judaísmo e decora sinagogas e casas. O candelabro com nove braços foi criado após a revolta dos Macabeus.

rusalém, abstendo-se de interferir no campo religioso e nos serviços litúrgicos do Templo (1Mc 6, 55-60; 2Mc 13,22s). Contudo, Alcimo, sumo sacerdote, continuava a oferecer sacrifícios pelo rei (1Mc 7,33). Diversas vezes instigou os reis selêucidas a se oporem a Judas Macabeu (1Mc 7,20-23; 9,1-22).

A paz ainda estava muito distante. Judas Macabeu enfrentou outras batalhas: contra o general Báquides, em Cafarsalama, perto de Gabaon (1Mc 7,19-32), e contra o general Nicanor, em Adasa (1Mc 7,39-49; 2Mc 15,25-28). Não se envolveu com a campanha de Báquides, que veio de Damasco para abafar os rebeldes judeus em Arbela, junto ao mar da Galileia, de onde seguiu pela Samaria e pela Judeia, até chegar em Jerusalém (1Mc 9,1-4). O alvo de Báquides eram os rebeldes de Judas. Ele os enfrentou na batalha de Elasa.

A aliança que Judas havia feito com Roma (1Mc 8,17-32) de nada adiantou. Judas foi morto nessa batalha e seu exército dispersou-se. Os seus restos mortais foram levados por Jônatas e Simão para a cidade de Modin (1Mc 9,5-l9). Durante seu governo, Judas Macabeu recebeu grande apoio dos Assideus, fiéis na luta pela lealdade à Lei.

Assideus: os guardiães da fé bíblica

O grupo dos Assideus (isto é, piedosos) parece ser mais antigo que as perseguições religiosas dos Selêucidas (1Mc 2,29-42). Eles representavam, sem dúvida, o grupo dos observantes da Lei. Eram contra a helenização dos Selêucidas e faziam oposição também aos judeus que não eram observantes das leis dos antepassados. Depois de terem batalhado longamente ao lado de Judas Macabeu (2Mc 14,6), uniram-se novamente ao sumo sacerdote Alcimo, pois acreditavam que ele lhes daria suficiente garantia religiosa. Mas a conduta de Alcimo foi decadente e desagradou os mais piedosos.

Progressivamente foram se tornando independentes do sacerdócio dominante. Alcimo foi morto em 159 a.E.C., depois de ter feito um ato ofensivo aos Assideus destruindo os muros externos do Templo de Jerusalém. Estes limitavam o acesso dos pagãos ao lugar sagrado.

Alguns estudiosos atribuem aos Assideus a redação de Daniel 7–12 e 2Mc 6–7, textos que falam do martírio de Eleazar e da mãe com os sete filhos. Posteriormente, os Assideus deram origem aos Essê-

O amor constrói a fidelidade

nios e Fariseus; estes receberam dos gregos o nome de "fariseus", que significa os "separados" com sentido pejorativo de "separatistas".

Jônatas Macabeu: líder dos resistentes (160-143 a.E.C.)

Jônatas sucedeu a seu irmão Judas Macabeu. Ele e seus partidários foram perseguidos e se mantiveram em Técua, no deserto de Judá, onde fez contatos com os Nabateus. Era respeitado por outras populações árabes da região e transformou esse lugar em refúgio (1Mc 9,28-35).

Báquides, general selêucida, foi constrangido a se organizar para prosseguir na defesa da Judeia. Para assegurar o seu controle, fortificou todas as cidades que rodeavam Jerusalém: Betel, Bet-Horon, Emaús, Tamnata, Técua, Jericó, Faraton, Acra, Gazara e Betsur (1Mc 9,50-53). Depois da morte de Alcimo, Báquides retornou a Antioquia, deixando a Judeia em paz por dois anos (1Mc 9,56s.69-72).

Diante do avanço de Jônatas, que ocupou e consolidou Bet-Basi entre Belém e Técua (1Mc 9,58-68), Báquides sentiu-se ameaçado. Retornou a Bet-Basi e cercou a cidade com um forte maquinário. Jônatas deixou Simão lutando contra Báquides, que conseguiu incendiar as máquinas que assediavam a cidade, e foi pelo deserto; convenceu duas tribos beduínas a se unir a ele na luta contra Báquides. Este foi obrigado a render-se e deixar a Judeia. Jônatas estendeu seu domínio sobre ela, exceto em Jerusalém e na fortaleza de Betsur.

Jônatas em Macmas: lugar estratégico

Jônatas atuou em Macmas durante cinco anos (1Mc 9,73). Desse lugar mantinha o controle sobre Jerusalém. Pôde manter contatos com o vale do Jordão e estudar o lugar estratégico mais propício para reconquistar posteriormente a Judeia. Pouco a pouco foi fortificando sua posição, embora deixando provisoriamente o Templo e a cidade na mão dos inimigos.

A dinastia dos Selêucidas muito cedo dividiu-se entre Demétrio I e Alexandre Balas, rivais entre si. Ambos tinham interesse em conquistar a simpatia dos Macabeus. Jônatas ora era favorecido por Demétrio I, ora por Alexandre Balas. Por isso, Demétrio: "deu-lhe [a Jônatas] autorização de recrutar tropas, fabricar armas, e considerar-se seu aliado, além de ordenar que lhe fossem entregues os reféns que estavam na 'Cidadela' " (1Mc 10,6). Jônatas estabeleceu-se em Jerusalém e logo começou a reconstruir e restaurar a cidade, e a fortificar o monte Sião (1Mc 10,6-14). Recebeu de Alexandre Balas a nomeação para o cargo de sumo sacerdote (1Mc 10,18-21).

Demétrio I ficou indignado com Alexandre Balas por ele ter conquistado a simpatia e o apoio de Jônatas e dos judeus. Então, escreveu uma carta a Jônatas alegrando-se por sua fidelidade aos acordos firmados entre eles e pela fidelidade a sua amizade, e fazendo-lhe novas promessas: "Vamos conceder-vos muitas imunidades e vos cumularemos de presentes. Desde agora desobrigo-vos, e declaro todos os judeus isentos dos tributos, do imposto sobre o sal e do ouro das coroas. Igualmente renuncio à terça parte da semeadura e à metade dos frutos das árvores, que me caberiam de direito; de hoje em diante deixo de arrecadá-los na terra de Judá e nos três distritos que lhe foram anexados, bem como na Samaria e na Galileia. Isto, a partir do dia de hoje e para todo o tempo. Jerusalém seja considerada santa e isenta, assim como seu território, sem dízimos e sem tributos. Renuncio também à posse da Cidadela que está em Jerusalém e a cedo ao sumo sacerdote para que nela instale homens de sua escolha para guarnecê-la" (1Mc 10,28-32).

Mas as promessas de Demétrio I não convenceram Jônatas e os judeus, que conservavam na memória a opressão que Israel havia sofrido em suas mãos: "ao contrário, comprazeram-se em Alexandre, que fora o primeiro a dirigir-se a eles em termos amistosos, e agiam como seus aliados todos os dias" (1Mc 10,47).

Ciúme, competição e morte
Alexandre Balas, então, pôs-se a guerrear contra Demétrio I e o venceu. E, nesse dia, Demétrio morreu. Alexandre Balas fez uma aliança com o rei Ptolomeu do Egito, casando-se com sua filha Cleópatra. Jônatas foi convidado especial do casamento (1Mc 10,51-66), e recebeu de Alexandre Balas a nomeação para ser governador da Judeia e a cidade de Acaron como recompensa pela vitória obtida sobre o exército de Demétrio II (1Mc 10,84-89). Este, querendo conquistar a simpatia de Jônatas, transferiu para seu domínio, na Judeia, três distritos da Samaria: Lida, Ramataim e Aferema (1Mc 11,34). Chegou a incluir nos seus domínios também a Pereia.

Demétrio II pediu ajuda a Jônatas para defendê-lo contra Trifão, general do exército de Alexandre Balas. Saiu vitorioso. Muito depressa Demétrio esqueceu as promessas feitas a Jônatas (1Mc

O amor constrói a fidelidade

11,52-53). Trifão quis reconquistar as graças de Jônatas e Simão, concedendo a este o governo da região costeira, desde Tiro até a torrente do Egito. Jônatas atravessou a Síria, ocupou Ascalon, Gaza, Betsur e toda a Judeia, menos Acra de Jerusalém, que continuou na mão dos helenizantes (1Mc 11,54-62).

Enfrentaram outras batalhas contra o exército selêucida em Azor (1Mc 11,63-74) e em Camat, no vale do Líbano (1Mc 12,24-38). E a última batalha de Jônatas foi contra Trifão, que, ao ver o numeroso exército de Jônatas, rendeu-se, mas o traiu e o matou (1Mc 12,39-53). Simão foi escolhido para guiar o povo.

Simão Macabeu: um líder popular (143-134 a.E.C.)

A traição de Trifão fez com que Simão se colocasse do lado de Demétrio II, rei selêucida. Em 142 a.E.C, concedeu independência a Judeia, mas Simão não se satisfez com a sua extensão territorial. Já havia anexado a cidade de Jafa e através dela chegou às ilhas do mar (1Mc 14,5). Conquistou Gazer e a transformou em centro militar, construindo nela uma fortaleza e um palácio; conseguiu a rendição da população de Acra (1Mc 13,49-52); e tomou posse da Cidadela (1Mc 13,49-53).

Simão gozava de grande estima do povo. No seu tempo o povo conheceu períodos de paz e prosperidade (1Mc 14,8-15). Infelizmente, Simão com seus dois filhos, Judá e Matatias, foram mortos traiçoeiramente por Ptolomeu, seu genro e governador de Jericó. A morte aconteceu no ano 135 a.E.C., durante um banquete na cidade de Doc. Apesar da desgraça, os Selêucidas não conseguiram conquistar a Judeia. João Hircano, filho de Simão, que se encontrava na fortaleza de Gazer, escapou da chacina. Ele assumiu a liderança no lugar de seu pai.

As narrativas de 1 Macabeus terminam com a morte de Simão Macabeu (1Mc 16,11-24). A história que segue a esses acontecimentos nos é transmitida pelo historiador Flávio Josefo, em sua obra *Antiguidades Judaicas*.

Macabeus: fidelidade, grandeza e tragédia

Na luta dos Macabeus combinaram-se a grandeza e a tragédia. As suas decisões e lutas eram inspiradas no zelo e na lei do Deus de Israel. Eles salvaram a Lei e o culto divino no Templo da mais grave crise produzida até então pela helenização. Os Selêucidas eram fortes no poder militar e na política, mas nunca conseguiram impor-se de forma estável

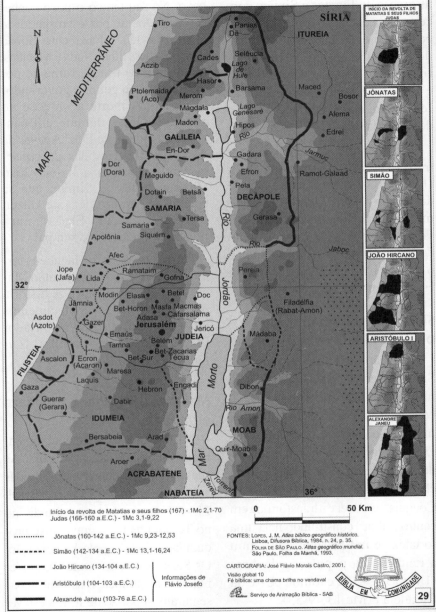

O amor constrói a fidelidade

na Judeia, diante da resistência dos judeus observantes.

Os Macabeus foram além dos interesses religiosos. Viram-se obrigados a passar do zelo pela Lei à política do poder. Só a indecisão e a debilidade do governo central Sírio poderiam permitir aos Macabeus alcançar seu objetivo religioso e sua independência política.

Diversas causas favoreceram a independência da Judeia: a decadência progressiva do poder dos Selêucidas e dos Ptolomeus; a Síria e o Egito estavam envolvidos em lutas internas; Roma igualmente se encontrava em guerras civis. Por volta dos anos 89-69 a.E.C., os Selêucidas perderam o poder sobre a Síria para o rei, o armeno Tigrano, até que Pompeu venceu a Síria e a transformou em província romana, no ano 63 a.E.C., quando os Selêucidas e os Asmoneus perderam sua independência política (cf. mapa n. 29).

Jerusalém no tempo dos Macabeus: divisão e dor

No início da helenização, os cidadãos mais progressistas achavam que a cidade antiga, sobre a colina oriental, cercada por muros ainda do tempo de Neemias, era acessível e se adaptava às mudanças. Por isso, começaram a construir uma cidade helenista sobre a colina ocidental chamada Acra, usada como fortaleza, um ginásio de esporte e um templo consagrado a Júpiter. Houve muita resistência da ala mais conservadora dos judeus.

Judas Macabeu conquistou o monte do Templo e reiniciou o culto no ano de 164 a.E.C. A cidade foi dividida em duas partes: o monte Sião foi ocupado pelos Macabeus, no tempo de Judas, Jônatas e Simão, que estiveram em luta constante contra a outra parte ocupada pelos helenizadores, a fortaleza de Acra. Os Macabeus construíram um muro de assédio conhecido como *Kafenatá* e um quarteirão com o mesmo nome, deixando fora a praça do mercado com a guarnição, obrigando-a a render-se pela fome. Depois de sua conquista definitiva em 141 a.E.C., eles destruíram a fortaleza que dominava o Templo e ergueram uma muralha ao redor da colina ocidental. Construíram uma ponte sobre o vale de Tyropeon, entre o monte do Templo e a cidade alta. Construíram também um palácio sobre as ruínas de Acra e fortificaram a cidadela com algumas torres. Próximo ao Templo ficava a colina de Ófel,[2] que é citada em Is 32,14; Mq 4,8; 2Cr 27,3; Ne 3,27.

---

[2] É o quarteirão da residência real. Cf. Bíblia de Jerusalém, nota a Mq 4,8.

Roteiro para o estudo do tema

1. Oração inicial
Conforme a criatividade do grupo.

2. Mutirão da memória
Compor a síntese do conteúdo já lido por todos no subsídio. Caso as pessoas não tenham o subsídio, ficará a cargo do(a) líder expor a síntese.

Recurso visual
Todos mostram as fotografias que trouxeram, apresentam os filhos, netos, bisnetos, sobrinhos... com seus nomes e idades.

3. Partilha afetiva
Em grupos menores, dialogar:
- O povo judeu lutava e entregava a vida por um tempo melhor, mas a paz estava distante. E eu, por quem luto?
- Já alcancei tudo o que sonhava e almejava na vida?
- Estou consciente de estar preparando o alicerce de construções que meus descendentes deverão continuar?

4. Sintonia com a Bíblia
Ler 1Mc 4,36-59.

Após muitas lutas, o Templo é libertado das mãos dos pagãos. É reconsagrado, e dá-se início à Chanucá (pronuncia-se *hanucá*), a festa das luzes ou da Dedicação, como memória para as gerações futuras.

Diálogo de síntese
Nossas lutas já construíram alguma coisa que ficará como herança de fé para as gerações futuras?

Lembrete: para a próxima reunião, cada um(a) traga alguma coisa que simbolize a paz.

5º tema
Deus agirá trazendo a paz!

S imão foi o último filho do sacerdote Matatias. João Hircano, seu filho, o sucedeu no poder, dando continuidade à dinastia asmoneia que chega até o ano 40 a.E.C., com Hircano II. Sob a permissão de Roma desde o ano 63 a.E.C., o governo da Judeia era uma concessão. Os escritos bíblicos desse período possuem um cunho apocalíptico.

Dinastia dos Asmoneus: 134-37 a.E.C.

Simão Macabeu começou uma nova época. Recuperou a independência de Jerusalém e da Judeia. Conquistou Jerusalém que havia se tornado quase um símbolo da potência selêucida no meio do povo judeu. Tornou-se fundador de uma nova dinastia, a dos Asmoneus. O nome "asmoneu" é de origem hebraica e foi dado por Flávio Josefo aos descendentes de Simão Macabeu. Os Asmoneus mantiveram o poder supremo sobre a Judeia, desde a morte de Simão (134 a.E.C.) até a conquista de Jerusalém por Herodes Magno, no ano 37 a.E.C. Essa dinastia prosperou até Alexandra Salomé no ano 67 a.E.C. Depois se dividiu em duas facções rivais: de um lado Hircano II e, do outro, Aristóbulo II. Hircano II começou a governar em 67 a.E.C., mas foi deposto por Aristóbulo II, que tomou o poder e governou de 67 a 63 a.E.C. Pompeu depôs Aristóbulo II e nomeou Hircano II, que governou do ano 63 até o ano 40 a.E.C. No mesmo ano, os Partos dominaram a região e nomearam Antígono, sobrinho de Hircano II, como rei e sumo sacerdote da Judeia, mas isso não durou muito tempo. No ano 37 a.E.C. Herodes Magno, venceu Antígono na disputa pelo poder da Judeia.

Vamos conhecer com maiores detalhes essa história. A cronologia nos oferece a sequência da dinastia asmoneia que, a partir de Aristóbulo I, autodenominou-se com o título de "reis":

- João Hircano I: 134-104 a.E.C.
- Aristóbulo I: 104-103 a.E.C.
- Alexandre Janeu: 103-76 a.E.C.
- Alexandra: 76-67 a.E.C.
- Aristóbulo II: 67-63 a.E.C.
- Hircano II: 63-40 a.E.C.

João Hircano I: o sacerdote comandante (134-104 a.E.C.)

Conhecido também por Hircano I, sucedeu o pai, Simão Macabeu, no ano de 134 a.E.C. (1Mc 16,19-24). Já havia se destacado na batalha contra o Selêucida Cendebeu (1Mc 13,53; 16,1-10) e continuou a expansão do seu território na Transjordânia, ao sul da Cisjordânia, e na região costeira.

Na *Transjordânia,* Hircano conquistou Mádaba depois de um longo assédio. Apropriou-se de Samaga, alcançando a estrada internacional que unia Elat, ao sul do mar Morto, com Damasco, ao norte. Hircano já tinha o controle da *via Maris,* outra estrada internacional da Cisjordânia, que une o sul ao norte. Isso lhe favoreceu o controle comercial sobre as maiores vias de comunicação que passavam pelo território de Judá.

Na *Idumeia,* conquistou as cidades de Hebron, Adora, Engadi e Marisa. Esses povos foram obrigados a aceitar a religião dos judeus e, em poucos anos, integraram-se à nação judaica. Com essa conquista os confins territoriais da Judeia chegaram a Bersabeia e Orda.

Na região central da *Samaria,* ele se apossou da cidade de Siquém. Destruiu o templo dos samaritanos sobre o monte Garizim, em 128 a.E.C. Estes não aceitaram, po-rém, o judaísmo, conservando sua identidade. Apenas um pequeno distrito de Samaria foi integrado ao território da Judeia.

Na região *costeira,* Hircano retomou as cidades de Jafa, Gaza e alguns portos como o de Apolônia e Jâmnia. Antes de sua morte, apossou-se também das cidades de Jâmnia e Azoto.

Por volta de 108-107 a.E.C., Hircano começou a cercar a cidade de Samaria. O assédio a Samaria foi longo e difícil, mas, finalmente, conseguiu quebrar as resistências. Ele a destruiu e exilou seus habitantes. O livro de Judite é provavelmente dessa época e não do tempo de Nabucodonosor, como o próprio livro indica. A narrativa gira em torno da cidade de Betúlia, história muito parecida com a história de Bet El (cidade de Deus), sinônimo para indicar a Judeia.

Outro aspecto que chama a atenção são os limites territoriais descritos no livro de Judite, que correspondem aos limites da Judeia no tempo de Hircano I, antes da tomada de Citópolis (Jd 1,8-9; 2,28; 3,9s; 4,4.6; 7,3).

No período de Hircano I, constituíram-se os dois grupos: fariseus e saduceus. Ambos tinham a preocupação pela observância da Lei, embora os saduceus fossem mais

Visão Global 10

liberais e inclinados a uma política de cunho helenista. Os fariseus aparecem, em plena luz, sob João Hircano I, como um grupo que não discute a soberania do monarca, mas a sua dignidade como sumo sacerdote. O estilo político do rei e seu interesse pelo poder provocaram a oposição dos fariseus na Judeia.

Aristóbulo I: ambição e crueldade (104-103 a.E.C.)

João Hircano I morreu em 104 a.E.C. e havia designado sua esposa como responsável pelo governo. Mas Aristóbulo, seu filho, arrebatou-lhe o poder, por um ano, intitulando-se rei. Embora as moedas não lhe tenham atribuído esse título, mudando seu nome grego para o nome hebraico Judá, ele entrou na história como Aristóbulo I (104-103 a.E.C.). Pôs a mãe na prisão, deixou-a morrer de fome e prendeu seus quatro irmãos.

Apesar de seu breve reinado, teve êxito na batalha contra os Itureus. Estendeu sua influência sobre Samaria, Bet Seam. Obrigou parte da população da Galileia a obedecer às leis do culto observado em Jerusalém e impôs a circuncisão. Depois da morte repentina de Aristóbulo I, sua esposa, Alexandra Salomé, libertou os irmãos dele. Nomeou um deles rei e se casou com ele. Era Alexandre Janeu (103-76 a.E.C.).

Alexandre Janeu: despotismo e decadência (103-76 a.E.C.)

Filho de Hircano I, irmão de Aristóbulo I e sucessor deste ao governo da Judeia, tinha caráter ambicioso, persistente, violento e era hábil militar. Reconquistou, por meio de numerosas campanhas militares, muitos territórios do antigo reino de Israel e de Judá, desde o território da Síria e da Cisjordânia até o da Idumeia e da Transjordânia, da região dos Nabateus até leste nas proximidades da nascente do rio Jordão. Para isso, enfrentou muitos inimigos externos, sobretudo os reis selêucidas e nabateus. Não teve, porém, o mesmo sucesso internamente, enfrentando diversos conflitos com os membros da dinastia reinante, os sequazes saduceus e os fariseus, o partido de oposição. Não era bem aceito pela população de Jerusalém, pelo seu despotismo e sua indiferença religiosa.

É atribuída a Alexandre Janeu a fundação de famosas fortalezas, como a de Maqueronte, talvez Massada e outras. Elas serviram de pontos estratégicos para sua defesa contra os Nabateus e tornaram-se famosas no tempo de Herodes Magno (37-4 a.E.C.), que as converteu em castelos fortificados com algumas construções esplêndidas anexas.

Alexandre Janeu atribuiu a si a dignidade de "rei dos Judeus", segundo o indicam as moedas que ele mandou cunhar em bronze, mas sem ter esse direito hereditário. A violência, o terror e as guerras eram mais para manter a Judeia sob seu domínio; por isso, era rodeado de perigos e ameaças, mas não sucumbiu pelos adversários, nem por seus erros, mas pelo vício do alcoolismo, segundo informações de Flávio Josefo. Morreu no ano de 76 a.E.C. aos 49 anos.

A paz da rainha Alexandra Salomé (76-67 a.E.C.)

Alexandra Salomé era viúva de Aristóbulo I, irmão de Alexandre Janeu, que se tornou seu segundo marido. Seu duplo nome grego e hebraico e o cargo político que ocupou fazem pensar que ela seja de família nobre, de descendência asmoneia ou sadoquita.

Salomé governou de 76 a 67 a.E.C. Manteve boas relações com os fariseus. Assegurou sua autoridade e o povo viveu um tempo de paz no país. Confiou a seu filho mais velho, Hircano II, o cargo de sumo sacerdote, que ela não podia exercer legalmente. Manteve o Estado asmoneu sem empreender guerras e não deixou que as oposições dos seus filhos chegassem a um conflito aberto na luta pelo poder, apesar de crescerem as ameaças externas.

Com a morte da mãe, Hircano II assumiu o governo por pouco tempo (67 a.E.C.). Perdeu-o, em seguida, para o irmão Aristóbulo II (67-63), favorecido por Roma, a quem ele havia pedido ajuda.

Aristóbulo II: submissão ao poder romano (67-63 a.E.C.)

Aristóbulo II conseguiu arrebatar o poder das mãos do irmão Hircano II com o apoio dos saduceus. Mas não conseguiu impedir a entrada de Pompeu em Jerusalém. Ele a cercou e construiu rampas para facilitar o acesso à parte alta da cidade, onde se encontravam o Templo e o palácio. Após três meses quebrou as resistências e entrou na cidade em dia de sábado. Invadiu o Templo e foi até o Santo dos Santos. Mesmo sem danificá-lo, o gesto foi considerado uma profanação aos olhos dos judeus.

Aristóbulo II apresentou-se no acampamento de Pompeu e entregou-lhe sua vida. Ele foi considerado prisioneiro e deportado para Roma com o filho Antígono. A partir do ano 63 a.E.C., Roma começou a dominar a região, nomeando os reis e sumos sacerdotes e exigindo o pagamento de tributos.

Hircano II: humilhação e dor (63-40 a.E.C.)

Pompeu nomeou Hircano II sumo sacerdote e governador da Judeia.

Na realidade quem governava era Antípater, seu ministro, que foi morto em 43 a.E.C. Por pouco tempo os Partos dominaram a região e constituíram Antígono sumo sacerdote e rei (40-37 a.E.C.). Hircano foi destituído de suas funções e mutilado. Herodes, filho de Antípater, fugiu para Roma, mas em 37 a.E.C. retornou e disputou o poder da Judeia com Antígono. Herodes saiu vitorioso.

Escritos da época dos Asmoneus

No período dos Asmoneus surgiram alguns escritos que mostram todo o conflito enfrentado pelos judeus arraigados às tradições religiosas e culturais, em confronto com a helenização. São os livros de Daniel e 1 e 2 Macabeus. No livro do profeta Isaías, os capítulos 24–27 e 34–35 já apresentam uma perspectiva apocalíptica, provavelmente desse período.

A apocalíptica: os segredos da justiça divina

A palavra "apocalíptica" vem do grego "apocalipse" e significa "revelação". No tempo dos Selêucidas começaram a surgir escritos de cunho apocalíptico. Em um contexto de conflito, perseguição e brutalidade, em que a vida era ameaçada, esses escritos trazem algumas características comuns: trata-se de fatos escondidos dos olhos da maioria, mas revelados por Deus a uma pessoa. Eles recebem normalmente o nome de uma pessoa importante para sublinhar a relevância da revelação. Os fatos normalmente dizem respeito ao cosmo, à história e ao destino do povo de Deus. A intervenção de Deus se dá no "Dia do Senhor", quando se manifestará o Filho do Homem em sua glória. Na perspectiva profética, a história pode ser transformada; na apocalíptica não, ela sofre um corte radical. É uma visão mais pessimista do mundo, dividido entre bons e maus. Os bons são pouco expressivos e incapazes de agir, mas também não impedem a ação de Deus e são salvos pela sua intervenção. O fim é esperado com ansiedade e descrito com cores muito vivas e catastróficas. Tudo isso é projeção da angústia que esse pequeno grupo vive no seu contexto histórico.

A apocalíptica tem sua manifestação mediante descrições, e não por anúncios, como a mensagem profética. Ela é cheia de símbolos, visões, números e imagens que ninguém pode decifrar, exceto Deus ou o Filho do Homem e a quem ele o revelar. Contudo, pode-se atribuir um certo caráter de profecia à apocalíptica, uma vez que ela induz as comunidades a resistir à opressão, e desperta-lhes a esperança. O livro de Daniel traz muitas dessas características.

Daniel: sempre é possível ser fiel a Deus

Na Bíblia hebraica, o livro de Daniel não é classificado entre os livros proféticos, mas entre os escritos. A personagem principal é apresentada como um sábio (1,20; 2,23) que faz uma leitura teológica e apocalíptica da história. A obra é escrita em três línguas diferentes: hebraico (1,1–2,4; 8–12), aramaico (2,4b–7,28) e grego (3,24–90; 13–14), e pode ser dividida em duas partes: de *1–6* conta a história de Daniel e de seus companheiros na corte da Babilônia; e de *7–12* apresenta as quatro visões, narradas em primeira pessoa e explicadas por um anjo. Ela retrata, de forma viva, o contexto histórico conflitivo do período dos Selêucidas.

No capítulo 7 as quatro bestas são interpretadas com unanimidade pelos estudiosos como símbolos dos impérios da Babilônia (leão), dos Medos (urso), da Pérsia (leopardo) e da Macedônia (animal com dez chifres). Este último animal (Dn 7, 1-28) é identificado com os dez reis da dinastia Selêucida. O chifre normalmente é interpretado como símbolo de força e poder. O autor do livro de Daniel descreve esse quarto animal de forma feroz: "A seguir, ao contemplar essas visões noturnas, eu vi um quarto animal, terrível, es-pantoso, e extremamente forte: com enormes dentes de ferro, comia, triturava e calcava aos pés o que restava. Muito diferente dos animais que o haviam precedido, tinha este dez chifres. Enquanto eu considerava esses chifres, notei que surgia entre eles ainda outro chifre, pequeno, diante do qual foram arrancados três dos primeiros chifres pela raiz. E neste chifre havia olhos como olhos humanos, e uma boca que proferia palavras arrogantes" (Dn 7, 7-8). Daniel, nessa obra, é um representante autorizado do pensamento judaico palestino da primeira metade do século II a.E.C. O autor deve ter-se servido de escritos anteriores e aplicado aos seus contemporâneos. Quer mostrar a eles que um judeu piedoso, mesmo na perseguição, pode ser fiel às suas tradições religiosas e às prescrições alimentares (Dn 1–6). Quer mostrar ainda que as provações podem ser superadas com a ajuda de Deus (Dn 3,24–90).

2 Macabeus: o judaísmo resiste à dominação helênica

2 Macabeus narra acontecimentos que vão de 175 a 160 a.E.C. O autor parece ter uma sólida formação helenista, mesmo sendo um ardoroso judeu, porque se refere a Deus com muita frequência. Ele narra os atos dos Macabeus, que podem ser apresentados em três partes: *1–7*: as

intrigas entre os sumos sacerdotes israelitas e os reis da Síria, a perseguição de Antíoco IV Epífanes, o martírio de Eleazar e da mãe com os sete filhos; *8,1–10,9*: a revolta dos Macabeus, as primeiras vitórias, a morte de Antíoco IV Epífanes, a purificação do Templo; e *2Mc 10,10–15,36*: as lutas de Judas Macabeu. O livro conclui com um epílogo em *15,37-39*.

Toda a obra é um confronto entre a cultura e as tradições religiosas judaicas e helênicas. A oposição maior foi no período de Antíoco IV Epífanes. Ele foi acusado de ter tentado realizar coisas absurdas como navegar em terra firme e andar a pé sobre o oceano: "Quanto a Antíoco, depois de ter subtraído ao Templo mil e oitocentos talentos, às pressas partiu para Antioquia. Ele imaginava, no seu orgulho, por causa da exaltação meteórica do seu coração, poder tornar navegável a terra firme e transitável a pé o oceano!" (2Mc 5,21).

1 Macabeus: a Lei de Deus é fonte de felicidade

1 Macabeus começa com uma rápida menção a Alexandre (Magno), às suas conquistas, à sua morte e à divisão de seu reino. A seguir, narra os fatos da coroação de Antíoco IV

Epífanes, no ano 175 a.E.C., e vai até a morte de Simão Macabeu, no ano 134 a.E.C. Depois de falar da situação da Judeia (1–2), apresenta Matatias, a deflagração da luta de resistência e a continuidade da mesma, sucessivamente, por seus filhos: Judas (1Mc 3,1–9,22), Jonatas (9,23–12,53) e Simão (13–16).

O autor do livro acredita que a felicidade só é possível pela observância fiel da Lei. Para isso, é necessário rejeitar os costumes pagãos. Só dessa forma os judeus irão desfrutar dos benefícios da Aliança, e podem esperar a intervenção de Deus a seu favor contra os inimigos, pois serão vitoriosos.

Salmos 1; 150:[1] ouvir o Senhor dia e noite

O *salmo 1* faz parte dos salmos de instrução, no qual a Torá ocupa um lugar privilegiado: "Feliz o homem que [...], seu prazer está na lei do Senhor e medita sua lei, dia e noite!" (vv. 1-2). Ao caminho do justo, segundo a Lei de Deus, o salmista contrapõe o ímpio que "é como a palha que o vento dispersa [...], não ficarão de pé no Julgamento" (vv. 4-5).

O *salmo 150* faz parte do primeiro grupo: os salmos de louvor.

---

[1] Na Linha do Tempo, alguns salmos são citados entre os escritos da época, mas nem todos. Há uma dificuldade real de situá-los numa única época, porque retratam situações humanas universais.

É o último do saltério. O salmista convida todos os seres vivos, e os próprios instrumentos musicais, a louvar a Deus: "Louvai a Deus no seu Templo, louvai-o no seu poderoso firmamento, louvai-o por suas façanhas, louvai-o por sua grandeza imensa! Louvai-o com toque da trombeta, louvai-o com cítara e harpa [...]" (vv. 1-3). Deus não se confunde com o Universo, mas é o seu criador, por isso merece ser louvado. Ele é senhor da história do Universo e de todos os povos, e deve ser louvado.

O livro dos Salmos

Os 150 salmos abrem o bloco dos Escritos na Bíblia hebraica. Nasceram em contextos e épocas diferentes, na forma de orações individuais ou coletivas. Retratam os mais diversos sentimentos e situações vividos pelo povo da Bíblia: alegria e tristeza, angústia e paz, vingança e perdão, louvor e lamentação, derrota e vitória etc.

O livro dos Salmos normalmente é dividido em cinco blocos, a exemplo dos cinco livros da Torá: 1–41; 42–72; 73–89; 90–106; 107–150. Cada um desses blocos termina com uma fórmula litúrgica de louvor a Deus (cf. 41,14; 72,18; 89,53; 106,48) e o próprio Salmo 150, que é uma doxologia um pouco mais extensa.

Nesses salmos aparecem nomes que são conhecidos nos escritos bíblicos, como Davi e Salomão, reis de Israel; Asaf, nome de um cantor que deve ter vivido antes do exílio e aparece nos livros de Esdras e Neemias (Esd 2,41; Ne 7,44); Coré, habitante de Jerusalém, citado em 1Cr 9,19.

Quanto aos temas, podem ser classificados em: salmos de louvor; salmos de pedido de socorro, de confiança e de ação de graças; e salmos de instrução.

Os salmos de louvor são normalmente usados no serviço litúrgico e executados nas grandes festas. São hinos que enaltecem o *Deus da Aliança* (Sl 8; 103; 117; 135; 145–150); cânticos que exaltam o *reinado de Deus* como Senhor e juiz de Israel e de todos os povos (Sl 93; 96–99); cânticos que enaltecem *Jerusalém e seu Templo* (Sl 46; 48; 76; 84; 132); e salmos que celebram o *Senhor, rei do Universo* (Sl 2; 18; 72; 110).

Os salmos de pedido de socorro, orações de confiança e de ação de graças individuais ou coletivas constituem a maior parte do saltério. Citamos apenas alguns exemplos (Sl 22; 26; 30; 31; 54; 55; 56; 60; 61; 69; 90; 116).

Os salmos de instrução buscam passar algum ensinamento por meio das suas narrativas, como os salmos 78; 105; 106. Eles aparecem também em algumas liturgias (Sl 15; 24; 134); outras vezes na forma de exortações proféticas (14; 50; 52; 75; 81) ou ainda de instrução (Sl 1; 37; 119; 139).

Uma orientação de ordem prática para o manuseio da Bíblia em relação à numeração dos salmos: os livros litúrgicos seguem a numeração dos salmos da Bíblia grega e da latina, enquanto as traduções atuais seguem a numeração da Bíblia hebraica, colocando ao lado e entre parênteses o número da Bíblia grega. Por exemplo: Salmo 26 (25). O número 26 é da Bíblia hebraica e o entre parênteses (25) é da Bíblia grega. Para facilitar a identificação dos salmos, na sequência os que se correspondem:

Texto hebraico	Texto grego e Vulgata
Salmos	
1–8	1–8
9–10	9
11–113	10–112
114–115	113
116	114–115
117–146	116–145
147	146–147
148–150	148–150

Estes são os salmos que pertencem ao livro dos Salmos, mas existem muitos outros espalhados pela Bíblia, como: Ex 15,1-21; Is 12,1-6; 25,1-12; 38,10-20; Na 1,2-8; Jn 2,3-10; Hb 3, 1-19; Lm 5; Tb 13; Lc 1,46-55.68-79. São verdadeiros salmos que nascem não apenas em contexto cultual, mas nos acontecimentos da história, por meio dos quais o povo percebe e louva a Deus presente nela.

Escritos sobre a época

1 Macabeus 13-16 retrata o período de Simão, sumo sacerdote e governador da Judeia de 143 a 134 a.E.C. Foi bem-sucedido em seus empreendimentos em defesa do território da Judeia e em suas conquistas. Infelizmente, foi morto em uma cilada armada pelo próprio genro, Ptolomeu. Mas João Hircano, filho de Simão, assumiu o poder. Manteve boas relações com a Macedônia e Roma, com

as quais seu pai havia feito alianças (1Mc 14,16-24; 15,15-24).

Eclesiástico 50 faz um elogio ao sacerdote Simão, que se preocupou em restaurar o Templo, fortificar o santuário e a cidade e evitar a ruína do povo. O autor faz uma ladainha de elogios à pessoa de Simão: "Como ele era majestoso, cercado de seu povo [...] como a estrela da manhã em meio às nuvens, como a lua na cheia, como o sol radiante sobre o Templo do Altíssimo [...]. E o povo suplicava ao Senhor Altíssimo, dirigia preces ao Misericordioso até que terminasse o serviço do Senhor e acabasse a cerimônia. Então ele descia e levantava as mãos sobre toda a assembleia dos filhos de Israel, para dar, em alta voz, a bênção do Senhor e ter a honra de pronunciar seu nome" (Eclo 50,5-7.19-20).

Conclusão: Deus UM resiste a todos os ídolos

O período da dominação helenista foi um dos mais longos, de 333 a 63 a.E.C. Só terminou quando chegou o domínio romano. Deixou marcas profundas na história do povo da Bíblia. Esse período iniciou-se com Alexandre Magno em 323 a.E.C. e, com sua morte, o reino dividiu-se entre quatro generais. Os Ptolomeus ficaram com a região de Canaã e a eles sucederam-se os Selêucidas. Nesse período,

houve um grande confronto entre as duas culturas, a helenista e a judaica. O bojo da discórdia, da helenização maciça promovida por Antíoco IV Epífanes, foi sua imposição cultural e as práticas religiosas. Arraigado no monoteísmo, o povo judeu reagiu ao politeísmo e às práticas religiosas pagãs: o culto aos ídolos e a prostituição sagrada com orgias e banquetes rituais (2Mc 6,2-11.18-31).

A comunicação intensa que havia entre Judá e a comunidade judaica em Alexandria, no tempo dos Ptolomeus, não pôde continuar no domínio dos Selêucidas; isso dificultou ainda mais as relações entre dominadores e dominados. Levantou suspeita e fez com que o movimento dos judeus a favor da helenização encontrasse apoio junto ao rei (1Mc 1,41-53).

Grande parte dessas dificuldades foi causada por motivos econômicos anteriores a Antíoco IV Epífanes, como a apropriação indevida do tesouro do Templo e pelas dívidas que Selêuco III havia contraído com Roma. Essa atitude foi interpretada pelos judeus como um sacrilégio e para os helenistas podia até ser vista como um empréstimo forçado. Outro motivo de confronto pode ter sido a diversidade de concepções da vida, do mundo, da história. Eram culturas com visões muito diferentes.

Visão Global 10

LINHA DO TEMPO: PERÍODO GRECO-HELENISTA (333-63 A.E.C.)[2]			
Império	Helenismo		
Anos	333	198	167
Época	Egito (Ptolomeus)	Síria (Selêucidas)	Judá (Macabeus)
Personagens não bíblicos	Alexandre Magno (336-323) Aristóteles (322)	Antíoco IV (163)	
Personagens bíblicos	Escribas e cantores	Matatias	Judas Macabeu, Jônatas, Simão e João Hircano
Realidade, problemas e situação do povo	• Riqueza para a classe alta; • Proletarização dos agricultores; • Invasão e assimilação cultural; • Encerrados na lei e no culto; • Silêncio; • Ruptura; • Tranquilidade.	• Invasão cultural provocativa; • Resistência; • Perseguição; • Levante armado (167); • Apocalipses populares; • Lei do puro e impuro; • Tradução da LXX.	• Independência; • Conquistas: *saduceus helenizantes* *fariseus anti-helenizantes* *essênios no deserto* *zelotes, reino pelas armas;* • Conflitos entre eles; • Repressão contra os fariseus.
Escritos bíblicos da época	2Zc Malaquias Cr Neemias e Esdras Ester Eclesiastes (Coélet) Sl 73;139	Judite Tobias Eclesiástico (Sirácida) Sl 44; 74; 86; 91	Daniel 2 Macabeus 1 Macabeus Sl 1; 150
Escritos bíblicos sobre a época	Is 24–27; 34–35 Zc 9–14 Jl 3-4	2 Macabeus 1Mc 1–12	1Mc 13–16 Eclo 50 [Flávio Josefo]

---

[2] Reproduzido de: "História do Povo de Deus: linha do tempo", em CRB, *A Formação do povo de Deus,* apêndice 5 (São Paulo, Loyola, 1990, coleção Tua palavra é vida).

Roteiro para o estudo do tema

1. Oração inicial
Conforme a criatividade do grupo.

2. Mutirão da memória
Compor a síntese do conteúdo já lido por todos no subsídio. Caso as pessoas não tenham o subsídio, ficará a cargo do(a) líder expor a síntese.

Recurso visual
Estender no centro do grupo uma toalha branca, na qual cada um colocará o símbolo de paz que trouxe.

3. Partilha afetiva
Em grupos menores, dialogar:
- Alguma vez passamos por um grande perigo, opressão ou sofrimento? O que aconteceu?
- Que sentimos quando acabou aquela situação que nos afligia?

4. Sintonia com a Bíblia
Ler Is 26,1-13.

Os que se mantiveram fiéis a Deus dentro da grande opressão, cantam de júbilo na certeza de que ele agirá, trazendo a paz e a felicidade tão sonhadas.

Diálogo de síntese
Neste livro, conhecemos a vida do povo de Israel no último século antes do nascimento de Jesus.

- O texto de Isaías que acabamos de ler tem alguma ligação com a espera do Messias?

Subsídios de apoio

Bibliografia utilizada

BURNS, E. M. *História da civilização ocidental*. Porto Alegre: Globo, 1993. v. 1.

CRB. História do povo de Deus. linha do tempo. In: CRB. *A formação do povo de Deus*. São Paulo: Loyola, 1990 (coleção Tua Palavra É Vida).

HERRMANN, S. *Historia de Israel em la* época *del Antiguo Testamento*. Salamanca, Sígueme, l985.

JOYAN, E. *Estudo introdutório*: vida, obra e antologia dos textos de Epicuro, Lucrécio, Cícero e Sêneca. São Paulo: Nova Cultural, 1988. Textos e notas de Agostinho da Silva.

PILETI, N. *História do Brasil*. São Paulo: Ática, 1996.

RIBEIRO, V.; ANASTÁSIA, C. *Encontros com a história*. Editora do Brasil em Minas Gerais S/A, Livro do Professor, v. 1.

Bibliografia de apoio

AUTH, Romi; DUQUE, Maria Aparecida. *O estudo da Bíblia em dinâmicas:* aprofundamento da Visão Global da Bíblia. São Paulo: Paulinas, 2011. pp. 195-206.

BALANCIN, E. M. *História do Povo de Deus*. São Paulo: Paulus, 1990.

DONNER, H. *História de Israel e dos povos vizinhos I-II*. 4. ed. São Leopoldo: Sinodal/Vozes, [1997] 2006.

GASS, Ildo Bohn. *Período grego e vida de Jesus*: uma introdução à Bíblia. São Paulo: Paulus/Cebi, 2005. v. 6.

KESSLER, Rainer. *História social do Antigo Israel*. São Paulo: Paulinas, 2009. pp. 213-236.

KONINGS, J. *A Bíblia nas suas origens e hoje*. Petrópolis: Vozes, 1999.

OTZEN, B., *O Judaísmo na Antiguidade*. São Paulo: Paulinas, 2003. pp.13-55.

SANCHES, T. P. *Vocês serão o meu povo*. São Paulo: Paulinas, 1996.

SARAIVA, J. *O caminho de Israel*. São Paulo: Paulinas, 1994.

Recursos visuais

CASTRO, J. F. M. *Transparências de mapas e temas bíblicos para retroprojetor*. São Paulo: Paulinas, 2001.

Sumário

APRESENTAÇÃO 5

METODOLOGIA 7
  Motivação 7
  Sintonia integral com a Bíblia 7
  Pressupostos da metodologia integral 8
  Recursos metodológicos 9
  Roteiro para o estudo dos temas 10
  Cursos de capacitação de agentes para a pastoral bíblica 10

INTRODUÇÃO 11

1º TEMA – A CULTURA DE UM POVO RETRATA SEU MODO DE VIVER 13
  Retomando o caminho feito 14
  A cultura de um povo retrata seu modo de viver 15
  Cultura brasileira: herança de outros povos 15
  A civilização grega ocidental 18
  Etapas da dominação grega sobre Israel 22
  Roteiro para o estudo do tema 23

2º TEMA – A GLOBALIZAÇÃO HELENISTA INVADE A CULTURA DE ISRAEL 25
  Alexandre Magno e a expansão do império: 336-323 a.E.C 26
  Israel sob o domínio dos Lágidas do Egito: 323-198 a.E.C 27
  Época dos Ptolomeus: os antigos escritos se iluminam 28
  Escritos sobre o período dos Ptolomeus 34
  Roteiro para o estudo do tema 36

3º TEMA – UMA NOVA POLÍTICA ILUDE O POVO 37
  Israel sob o domínio dos Selêucidas da Síria: 198-142 a.E.C 38
  Escritos bíblicos do período selêucida: fé e heroísmo 45
  Escritos sobre o período selêucida: busca de identidade 49
  Roteiro para o estudo do tema 50

4º TEMA – O AMOR CONSTRÓI A FIDELIDADE 51
  Movimentos de resistência judaica 52
  Macabeus: fidelidade, grandeza e tragédia 59
  Jerusalém no tempo dos Macabeus: divisão e dor 61
  Roteiro para o estudo do tema 62

EMA – DEUS AGIRÁ TRAZENDO A PAZ!..63
Dinastia dos Asmoneus: 134-37 a.E.C...64
Escritos da época dos Asmoneus 68
O livro dos Salmos..71
Escritos sobre a época...72
Conclusão: Deus UM resiste a todos os ídolos...73
Roteiro para o estudo do tema 75

SUBSÍDIOS DE APOIO 76

Rua Dona Inácia Uchoa, 62
04110-020 – São Paulo – SP (Brasil)
Tel.: (11) 2125-3500
http://www.paulinas.com.br – editora@paulinas.com.br
Telemarketing e SAC: 0800-7010081